Réconcilier
l'âme et le corps

DU MÊME AUTEUR

Mincir et se réconcilier avec soi, 2003

MICHÈLE FRUED

Réconcilier l'âme et le corps

40 exercices faciles de sophrologie

Albin Michel

Ouvrage publié sous la direction de Laure Paoli

Avertissement

Les exercices et les conseils proposés dans ce livre ne peuvent en aucun cas se substituer à un diagnostic. En cas de troubles importants, il est vivement recommandé de consulter un médecin ou un thérapeute.

Sommaire

À mon père, Clément

« Prends soin de ton corps pour que ton âme ait envie de l'habiter. »

Proverbe chinois

Introduction

À l'ère de la performance, il nous faut viser en tout l'excellence : être pro-actif dans une société incitant à l'agir compulsif ; toujours faire, ne jamais s'arrêter, penser à tout, être souple, rebondir, se reconvertir, lutter pour rester en forme, avoir l'air jeune... En d'autres termes, déployer des trésors d'ingéniosité et d'adaptabilité afin de négocier entre nos exigences tyranniques et les contraintes de la réalité. Perpétuellement en quête de possessions et de reconnaissance, nous répondons à toutes les sollicitations qui nous poussent à courir toujours plus vite et à combler le moindre espace de silence. À ce rythme, nos pensées se bousculent, s'embrouillent, et d'indicibles tourments nous envahissent. Une telle pression nous place sous tension constante, aussi bien physique que psychologique. Enclins à des réactions excessives face au stress, nous ne disposons plus du recul nécessaire pour poser des mots sur notre ressenti et prendre les décisions qui s'imposent.

Notre corps, réceptacle de nos émotions, exprime son désarroi à travers un mal-être grandissant. Nous connaissons des cycles d'insomnies et des troubles divers. Pour anesthésier nos peurs et éviter la confrontation avec nous-mêmes, il nous arrive même de trouver refuge dans diverses addictions (alcool, cigarette, jeu, nourriture, drogue, médicaments, etc.).

Ces dysfonctionnements retentissent sur nos organes et reflètent l'expression des tensions qui nous habitent.

Comment sortir de ce dilemme et cesser cette fuite face à nous-mêmes ? Afin de réduire nos sources de stress, il importe de se préserver un espace intérieur pour souffler dans tous les sens du terme et nous accorder davantage de temps, simplement pour être en contact avec nos sensations, être en mesure de les accueillir favorablement et apprendre à se sentir mieux avec elles.

La sophrologie, méthode de connaissance de soi, est un puissant moyen de recentrage pour retrouver le chemin qui conduit à la rencontre avec soi. Grâce à de nombreuses techniques basées sur la détente, la respiration, la visualisation et une attitude mentale positive, elle favorise le développement harmonieux de nos capacités physiques et psychiques. Vous apprendrez à déployer une plus grande sensorialité dans la perception de votre corps afin de vous sentir mieux dans votre peau et ainsi de recouvrer un meilleur sommeil, d'augmenter concentration et mémoire, de gérer vos émotions et de développer une plus grande confiance en vous.

Cet ouvrage s'adresse à ceux qui souhaitent exploiter toutes leurs ressources intérieures, améliorer leurs performances dans de nombreux domaines, accroître imagination et créativité, trouver des solutions pour résoudre leurs difficultés, comprendre et dépasser leurs peurs, ainsi que retrouver la voie de l'équilibre et de la joie de vivre. Les clés proposées vous permettront aussi d'apaiser corps et mental afin de reconquérir une plus grande énergie pour vous sentir en meilleure santé et donner un nouvel élan à votre vie.

Qu'est-ce que la sophrologie ?

Quelles sont ses origines ?

Discipline spécifique du domaine des sciences humaines, la sophrologie puise ses origines dans les racines grecques *sos*, signifiant calme, harmonie, équilibre, *phren* qui représente l'esprit, et *logos* qui renvoie à la parole, au discours curatif, mais aussi à l'étude, au savoir et à la science.

De l'Occident à l'Orient

La sophrologie a été créée en 1960 par Alfonso Caycedo, neuropsychiatre d'origine colombienne. Pour conférer une base scientifique et professionnelle reconnue à la sophrologie, il s'est appuyé sur son expérience de médecin psychiatre à Madrid tout en s'inspirant également de différents travaux et techniques comme la phénoménologie, l'hypnose et le training autogène de Schultz. Au cours de ses voyages en Inde, au contact des lamas tibétains, il découvre le yoga et le bouddhisme. Au Japon, il s'initie au zen et à la méditation. En s'intéressant à la philosophie orientale, il approfondit ses connaissances sur les états de conscience et fonde, à partir de ces enseignements, sa propre théorie qu'il adapte à l'esprit occidental. Il conçoit notamment une méthode active, la relaxation dynamique, fondamentalement orientée vers une meilleure connaissance de la relation « corps-esprit ».

Comme toute discipline nouvelle, la sophrologie a connu de nombreuses évolutions ces dernières années avec des scissions en différents courants théoriques. Plusieurs écoles furent créées en France, en Belgique et en Suisse, dont l'École française de sophrologie, en 1971, par les docteurs Jean-Pierre Hubert, ancien chirurgien-dentiste aujourd'hui naturothérapeute, Roland Cahen, psychiatre et psychanalyste, ainsi que Jacques Donnars, psychosomaticien. Tout en conservant les bases de la sophrologie caycédienne et en s'inspirant des travaux de Sigmund Freud, de Wilhelm Reich et d'Alexander Lowen, ils ont élaboré une sophrologie plus analytique et thérapeutique en complément à la phénoménologie instituée par son concepteur.

Quelle est sa définition ?

C'est une science

Reposant sur la théorie et l'étude des niveaux et des états de conscience, elle est intitulée « science de l'harmonie de la conscience » ou conscience positive. C'est par un entraînement dans cet état de conscience « sophronique » que l'on acquiert une plus grande sérénité. Pour parvenir à cet état d'esprit, il importe de commencer par abaisser le niveau de vigilance et de conscience. De tout temps, en Orient comme en Occident, diverses techniques amenant à un « état de conscience modifié » furent pratiquées, telles que :

– l'incantation (surtout dans la Grèce antique) ;

– le chant grégorien, que l'on expérimente encore de nos jours dans diverses retraites pour favoriser le calme et l'état méditatif ;

– l'hypnose, qui utilise l'état de conscience modifiée pour des applications thérapeutiques ;

– le training autogène, technique de relaxation élaborée par J.M. Schultz, psychiatre allemand (voir p. 175).

Développer l'harmonie de la conscience consiste à élargir la perception que nous avons de notre corps, de nos émotions, de notre énergie vitale, de la totalité de notre être. L'état de conscience modifié permet de développer un nouvel état d'esprit, empreint de bien-être. On apprend à être plus présent à soi mais aussi aux autres.

C'est un art de vivre

La sophrologie se sert de l'imagination comme outil de changement et d'évolution. Elle utilise notamment le pouvoir du mental pour y associer la visualisation et projeter en imagination une situation, un événement à venir dans tous ses détails, sous l'angle le plus positif. La visualisation crée de nouveaux repères et une programmation différente de son mental. L'imagination et la visualisation représentent le premier pas vers sa réalisation.

Grâce à des exercices psychocorporels associés à la respiration, la sophrologie nous apprend à redécouvrir notre corps en l'expérimentant sous l'angle des sensations. Cette perception aiguisée des sens à travers cette réalité de « corps vécu », c'est-à-dire la perception de sensations ressenties de l'intérieur, est à la base de l'entraînement et assure une meilleure prise de conscience du schéma corporel ainsi que de l'équilibre global. Elle participe donc au renforcement de l'image de soi. Elle peut être considérée comme une thérapie corporelle, puisqu'elle libère en douceur tensions et blocages divers. Cette écoute du corps génératrice de calme affermit le sentiment de confiance et de sécurité intérieure.

C'est une philosophie de vie

Que l'option initiale soit thérapeutique, pédagogique ou prophylactique, la sophrologie délivre un message éclairé en proposant une nouvelle philosophie de vie dont le but est la recherche de l'équilibre. Dans cet état de détente, nous sommes plus disponibles, plus réceptifs, plus créatifs, et notre regard sur la vie, sur les événements, est plus positif.

À qui s'adresse-t-elle ?

Très largement utilisée dans les domaines clinique, thérapeutique et pédagogique, la sophrologie présente aussi un caractère préventif et s'adresse à chacun, de la préparation à la naissance jusqu'à l'accompagnement en fin de vie. Dans la mesure où son principal postulat est la recherche du bien-être, elle s'adresse à tous ceux qui souhaitent au quotidien se sentir bien dans leur corps, bien dans leur vie.

Comment fonctionne-t-elle ?

Notre psychisme oscille sans cesse d'un état de conscience à un autre. La conscience connaît des états variables que l'on nomme « états de conscience », au nombre de trois d'après Caycedo.

Les états de conscience

– l'état de conscience pathologique : la conscience est altérée par la maladie, la dépression, les névroses ;

– l'état de conscience ordinaire : c'est celui de toute personne qui vit son quotidien avec son lot de problèmes et de soucis, auxquels elle parvient à faire face ;

– l'état de conscience dit « sophronique ». C'est l'acquisition d'un état de bien-être grâce à un entraînement spécifique dont l'objectif est une recherche de l'harmonie. Chacun dispose de la possibilité de rester ou d'évoluer dans l'un ou l'autre de ces états, le dernier correspondant à un plus grand équilibre intérieur.

Les niveaux de conscience

Ces niveaux représentent les variations quantitatives de la vigilance. Trois niveaux nous intéressent plus particulièrement :

– la veille attentive : c'est l'état dans lequel notre pouvoir de concentration est à son apogée, par exemple lorsque nous sommes totalement dans l'écoute, attentifs, concentrés ;

– la veille : dans ce niveau, nous ressentons une baisse de vigilance, par exemple après le déjeuner où l'on éprouve quelquefois l'envie de s'assoupir ;

– le niveau « sophro-liminal », niveau de relaxation à la limite du sommeil. Il nous est familier, nous le traversons en effet le soir au moment de l'endormissement et le matin au réveil. C'est une zone privilégiée entre veille et sommeil, permettant une profonde régénération et une relaxation de qualité. Agir à ce niveau hypnoïde, proche du rêve éveillé, permet de lever certaines défenses, certains blocages ou de libérer des nœuds de tension.

Nos capacités de mémorisation y sont décuplées, les images et les sensations corporelles accrues. Nos sens ainsi aiguisés révèlent tout leur potentiel de créativité. Il est alors possible d'enrichir notre mental en nous projetant dans des situations que l'on vivra par anticipation, comme si elles étaient réalisées, ainsi que cela a été évoqué précédemment. En programmant son mental de cette manière, sous l'angle le plus positif, notre motivation se trouve amplifiée par des images dynamisantes et un processus de changement s'opère inconsciemment.

Comment atteindre ce niveau de détente ?

Comment agit ce processus de détente sur le plan physiologique ? Notre cerveau, siège du mental, est tenu en éveil par les stimulations qu'il reçoit des différents récepteurs sensoriels répartis dans l'ensemble du corps :

– celles provenant du monde extérieur par nos sens : vue, odorat, toucher, goût, ouïe ;

– celles provenant de notre organisme grâce à la présence de capteurs situés au niveau des muscles et des organes internes (appareils respiratoire, circulatoire, digestif).

En fonction de ces stimuli, le cortex envoie une réponse sous la forme d'une impulsion qui maintient notre tonicité neuromusculaire. Cette répercussion mental-corps se manifeste par différentes réponses physiologiques, par exemple le tremblement des jambes lorsque nous avons peur, les joues qui s'empourprent lorsque nous sommes intimidés, le cœur qui s'emballe quand nous vivons une émotion forte, etc. Partant d'un simple relâchement musculaire (repos) et d'une diminution des stimuli extérieurs (calme, concentration, isolation sensorielle), nous obtenons d'une façon automatique un début de détente corporelle propice à installer la relaxation mentale. C'est ainsi que nous parvenons à amener la conscience « au bord du sommeil », niveau de détente préconisé en sophrologie.

Les techniques dynamiques

Le symbole chinois de « l'homme total » (voir croquis ci-dessous) représente un être en pleine harmonie avec lui-même et avec le monde. Un être est en bonne santé lorsqu'il est équilibré sur les trois niveaux, carré, croix et cercle :

– le carré représente le corps ;
– la croix symbolise le mental ;
– le cercle incarne le spirituel ;

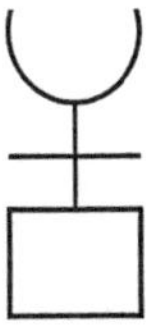

« Si l'énergie est en dysharmonie dans l'un des trois niveaux, nous tombons malades », nous enseignent les Chinois. Les maladies trouveraient le plus souvent leur origine dans le déséquilibre des plans respectivement psychique et spirituel ; le résultat se manifeste par des symptômes tels que douleurs de dos, d'estomac, ou toute autre maladie à résonance psychosomatique. Dans notre société où le matérialisme prime, le carré prend une importance grandissante et déséquilibrante. L'un des objectifs de la sophrologie, et notamment de la relaxation dynamique, est le rééquilibrage entre les trois niveaux à travers divers exercices de respiration et de visualisation. Vous trouverez différentes applications pratiques de la relation dynamique tout au long de cet ouvrage.

Les exercices proposés sont soit dynamiques (en position debout, comme dans la relaxation dynamique), soit statiques (en position assise ou allongée).

Qu'est-ce que la relaxation dynamique ?

Nourrie des traditions orientales, la relaxation est une discipline personnelle ouvrant à un meilleur équilibre « corps-mental ». Elle se compose de quatre degrés. Chaque degré s'effectue à travers un certain nombre d'exercices codifiés : mouvements du corps, stimulations des sens et des émotions, exercices de respiration, de visualisation ou d'apaisement du mental. Cette communication avec soi développe une plus grande perception sensorielle, une activation du positif et une plus grande ouverture aux autres.

– Le 1er degré de la relaxation dynamique concerne le corps, symboliquement représenté par le carré. Ce premier degré respecte les grands principes du hatha-yoga : conscience du geste, concentration, relaxation profonde entre les mouvements et attention à son ressenti corporel. Loin de tout esprit de performance, il s'agit, en position debout, de mouvoir son corps et de le ressentir en privilégiant la prise de conscience intérieure. Les exercices musculaires et articulaires, lents et progressifs, font « respirer » des zones peu sollicitées et induisent un état de calme.

Son but : libérer le corps des zones de tension, renforcer le schéma corporel, parvenir à une meilleure relation à soi.

– Le 2e degré, dérivé du bouddhisme tibétain, touche le cœur, symboliquement représenté par la croix. Il s'effectue en position assise avec une attention particulière à la fonction émotionnelle. Il se compose de deux parties. La première partie est plus contemplative : en prenant son propre corps comme objet de visualisation et de contemplation, on apprend à l'accepter, à l'aimer, à en prendre davantage soin. La deuxième partie est consacrée au perfectionnement et à l'harmonisation de nos cinq sens : la vue, l'ouïe, l'odorat, le goût, le toucher. C'est à travers eux que nous construisons nos émotions et que nous développerons d'autres perceptions : intuition, imagination, créativité, etc.

Son but : accepter et valoriser l'image du corps, améliorer la relation à soi, être en harmonie avec le monde extérieur et développer l'éveil sensoriel.

– Le 3e degré concerne l'esprit, symboliquement représenté par le cercle. Il s'inspire d'une pratique dépouillée du zazen japonais et s'effectue en positions assise et debout. À travers les postures, la respiration, l'installation dans le niveau de conscience appelé « méditation » et la concentration sur le *hara* (le ventre, centre de la paix), il s'agit d'atteindre un certain niveau d'éveil afin de percevoir, dans le silence de notre mental, le pouvoir de « l'instant présent ».

Son but : ralentir le flot des pensées à travers la concentration, le silence, la méditation, la marche silencieuse ; permettre une meilleure présence à nous-mêmes, aux autres et au monde, au-delà de nos peurs et du stress.

– Le 4e degré est une synthèse des trois degrés précédents que l'on reprend afin de revenir dans le carré, le présent, « l'ici et maintenant », pour mieux vivre son corps et sa vie, fort de l'expérience vécue lors des trois degrés précédents.

Les quatre degrés de la relaxation dynamique conduisent la personne vers un état de bien-être, une sorte de « conscience éclairée » qui s'apparente à la sagesse.

Pour qui ?

Pour ceux qui souhaitent un effet d'apaisement rapide.
Pour les hyperactifs qui ne prennent pas le temps de s'allonger.
Pour les pressés qui disposent juste de quelques minutes pour pratiquer par exemple un seul exercice.
Pour tous ceux qui souhaitent au quotidien cultiver bien-être et meilleure image de soi.

Les techniques statiques

Ces techniques sont qualifiées de « statiques » par opposition à celles dites « dynamiques ». Elles s'effectuent en position allongée, assise ou debout.

La sophro-acceptation progressive (SAP)

Il s'agit de vivre par anticipation une situation à affronter dans un avenir plus ou moins proche, que l'on imaginera sous l'angle le plus positif possible, comme si elle était réalisée (réussir un examen, un entretien, une épreuve sportive, etc.).

La technique conditionnée

Elle consiste à substituer un geste (pouce-index) à un symptôme, pour ancrer un comportement plus positif (par exemple une image de paix, un paysage, un mot, une phrase, viendra se substituer à un trouble).

La sophro-correction sérielle

Il s'agit de vivre, étape par étape, une situation anxiogène, en la remplaçant par un vécu positif. Cette pratique est utilisée pour gérer les peurs, le trac, la timidité, certaines phobies, etc.

La sophro-substitution sensorielle

On substitue une sensation corporelle à une autre, dans le but d'analgésier une partie du corps. Il s'agit de déplacer la douleur d'une zone du corps et de la remplacer par une autre sensation, en l'occurrence le chaud ou le froid. Il est évident que cette technique est à utiliser avec une certaine prudence, car la douleur est un message dont le sens profond est à comprendre. En cas de douleur persistante, consulter un médecin est primordial.

D'autres techniques associent sophrologie et analyse. Pratiquées par un thérapeute « sophro-analyste », formé et rompu à cet entraînement, elles sont dites « découvrantes » puisqu'elles permettent de mettre au jour des souvenirs, des images, des associations qui émergent à travers l'état de conscience modifié. Le sophro-analyste et son patient disposent alors d'un matériel plus élaboré pour analyser et comprendre la nature du trouble psychique.

Les principales indications de la sophrologie

Les indications sont prophylactiques, c'est-à-dire de l'ordre de la prévention, et sont aussi pédagogiques ou thérapeutiques.

• Une approche prophylactique enseigne les techniques de mieux-être, de connaissance de soi, de gestion du stress et des conflits. Elle s'adresse à toute personne soucieuse de développer une meilleure qualité de relation à soi et aux autres.

• Une approche pédagogique permet de mieux se préparer à un événement particulier afin de le vivre dans les meilleures conditions possibles : examen, accouchement, entretien professionnel, intervention chirurgicale, compétition sportive... Les sportifs de haut niveau ont en effet totalement intégré la sophrologie dans leur préparation mentale.

• En complément thérapeutique (car il ne s'agit pas d'occulter les investigations médicales si les troubles persistent), la sophrologie est utilisée pour rétablir un équilibre souvent perturbé par des tensions d'origines diverses, et lutter efficacement contre certains troubles, tels que fatigue, insomnie, anxiété, phobies, spasmophilie, asthme, tabagisme, obésité, boulimie, blocages divers.

Ses bienfaits

Sur le plan corporel

La sophrologie permet une prise de conscience progressive du schéma corporel. La relaxation et les mouvements dynamiques libèrent des tensions et étendent le champ des sensations agréables. En apprenant à mieux percevoir son corps, on parvient à réduire l'impact des répercussions somatiques. Il arrive, par exemple, qu'une certaine forme de fatigue s'installe insidieusement au fil des jours, des semaines et des mois, prenant la forme d'une baisse de tonus, d'un manque de vitalité. En l'absence de repos, la fatigue accumulée se transforme en surmenage et risque de conduire à l'épuisement. Les séances de sophrologie génèrent une plus grande récupération et une meilleure qualité de sommeil.

Sur le plan émotionnel

Par le biais d'exercices stimulant nos cinq sens, la sophrologie enrichit notre perception du monde. Elle développe ainsi la créativité et la présence dans « l'ici et maintenant ». Cette présence décuple nos capacités d'assimilation, de concentration et de mémorisation, la concentration entraînant automatiquement un renforcement de la mémoire. Chacun peut faire l'expérience des modifications de son pouvoir de concentration lorsque le stress ou la fatigue s'installe. Il est alors particulièrement difficile de retenir ce que nous devons mémoriser dans ces périodes.

Sur le plan mental

L'entraînement à l'imagerie mentale crée une reprogrammation positive et évite d'entretenir des pensées négatives. Il libère de certains conditionnements néfastes et ancre des comportements plus positifs.

Une pratique régulière renforce le système immunitaire, calme le stress, canalise l'énergie, permet une meilleure réappropriation du corps, que l'on libère dc ses tensions et crispations.

Quelques conseils pour réussir vos séances

J'ai souhaité volontairement synthétiser les éléments essentiels de la sophrologie et adopter un langage clair, loin du jargon technique habituellement utilisé. Les exercices proposés sont d'une application aisée ; vous pourrez vous entraîner à votre guise à tout moment de la journée. Grâce à une pratique régulière, vous apprendrez à vous détendre en toutes circonstances afin de renouer avec des sensations de calme et de bien-être. Le mythe du succès instantané nous incite souvent à briguer des résultats immédiats et visibles sans grand effort. Or, c'est précisément par votre persévérance dans le suivi des exercices que vous obtiendrez des résultats palpables. Ainsi, par la répétition des exercices, votre corps aura mémorisé l'expérience de la détente et de ses bienfaits, et vous saurez retrouver facilement le réflexe de la relaxation. Comprendre le fonctionnement de la relation corps-esprit réduit l'impact de nos maladies et oriente vers une meilleure connaissance de soi.

Ce guide est conçu pour vous aider dans votre programme d'épanouissement personnel. Lors de votre entraînement, il vous sera demandé de visualiser des lieux, des mouvements, des symboles et des objets. Vous choisirez intuitivement les images mentales qui entrent en résonance avec votre propre expérience, votre propre sensibilité. Vous y parviendrez facilement car la visualisation est familière à chacun d'entre nous. Choisissez le bon moment pour réaliser vos exercices. Pour certains, ce sera plutôt le soir, pour d'autres le matin. Essayez des horaires différents, vous finirez par trouver celui qui vous convient.

Pour débuter

• *Trouvez votre endroit.* Cherchez un lieu qui soit le plus approprié, un endroit où vous vous sentez à l'aise, et tentez de conserver cet espace pour vos séances. Votre inconscient ayant mémorisé ce lieu comme un ancrage, vous entrerez plus aisément dans cet état de conscience modifié propice au calme.

• *Prévoyez une plage de tranquillité.* Elle sera à calculer en fonction de la séance ou de l'exercice. Isolez-vous des bruits extérieurs, sonneries, téléphones, irruptions intempestives, etc.

• *Installez-vous confortablement et soyez à l'aise dans vos vêtements.* Détachez-vous de toute préoccupation mentale et centrez votre attention sur votre corps. Quel que soit l'exercice, commencez toujours par vous détendre en vous concentrant sur votre respiration abdominale.

• *Lisez d'abord l'exercice*, puis faites une nouvelle lecture pour bien l'assimiler et en comprendre l'objectif final. Notez par écrit par exemple comment vous le réaliserez, de manière à bien en intégrer le déroulement.

• *Ensuite, pratiquez.* Car il ne s'agit pas seulement de lire : la sophrologie s'expérimente dans son corps. Enregistrez éventuellement certains exercices sur magnétophone si vous le pouvez, afin de vous entraîner souvent jusqu'à ce qu'ils soient totalement mémorisés. Écoutez régulièrement le CD audio que vous trouverez dans ce livre. Peu à peu, familiarisé avec les exercices, vous les pratiquerez de façon totalement autonome. Si vous enregistrez, veillez à poser votre voix de telle sorte qu'elle soit lente et monocorde, comme sur le CD audio, tout en respectant les temps de silence (indiqués par des points de suspension entre crochets).

• *À la fin de chaque exercice, ménagez-vous une phase de reprise* pour retrouver le tonus musculaire et l'état d'éveil avant d'ouvrir les yeux. Bougez tout votre corps progressivement, segment par segment, en commençant par remuer les orteils, les chevilles, les mollets, et en ponctuant cet éveil de plusieurs respirations. Ensuite, réactivez doucement votre nuque en tournant votre tête à gauche et à droite, vous étirer et faire tous les mouvements nécessaires à une bonne sortie de la détente pour vous sentir en pleine forme à l'état d'éveil.

Je suis persuadée que vous trouverez dans la panoplie des outils proposés ceux qui correspondent à vos besoins du moment.

Écouter son corps et en prendre soin

Il nous arrive souvent d'avoir le sentiment de porter tout le poids du monde sur nos épaules et c'est notre corps qui l'exprime.

« J'en ai plein le dos ! » assène Muriel qui, écrasée par une masse de travail, se plaint d'un mal de dos fulgurant.

Différents courants de pensée ont cherché à établir un lien entre les régions du corps en souffrance, les émotions qu'elles contiennent et les messages psychiques transmis par l'inconscient. En Asie, la colonne vertébrale est nommée « l'arbre de vie ». Axe du corps, elle matérialise l'équilibre sans lequel nous ne pouvons tenir debout. Annick de Souzenelle[1], auteur d'ouvrages de décryptage de nos maux divers, décrit le mal de dos comme le mal du siècle : elle établit un rapport évident avec notre manque de « tenue intérieure » et l'insécurité ambiante que reflète notre société.

Avant un entretien capital ou après une contrariété ou un choc émotionnel, mal au foie, à l'estomac, au ventre, migraine, vertiges, eczéma, vomissements ou nausées sont

1. *Le Symbolisme du corps humain*, Albin Michel, coll. « Espaces libres », 1991.

quelques-uns des maux somatiques dont souffrent la plupart d'entre nous.

Corps et émotions sous influence

L'influence de nos états d'âme sur nos organes a depuis toujours été mise en mots par la sagesse populaire. Nombreuses sont les métaphores qui utilisent le corps comme si le bon sens avait pressenti, bien avant l'aube de la psychologie, la réalité de la somatisation. « Se ronger les sangs », « se faire de la bile », « parler avec ses tripes », ou encore « avoir les reins solides » ou « se prendre la tête » sont des locutions qui trouvent aujourd'hui une assise scientifique grâce aux travaux des biochimistes ; ce qui tend de plus en plus à réduire la dichotomie entre corps physique et corps psychologique.

Une émotion forte a toujours une résonance sur nos organes. À chaque première représentation, le comédien Louis Jouvet était victime, du fait de son trac, d'une poussée d'eczéma paroxystique. Quand nous sommes anxieux, angoissés et que nous nous trouvons dans l'impossibilité de verbaliser notre peur, celle-ci se traduit par une allergie, des vomissements, des palpitations ou par tout autre message du corps. Quand nous réprimons notre colère, notre corps peut répondre par un lumbago ou l'inflammation d'un organe. Il n'est pas rare de voir un kyste se faire l'écho d'un chagrin, par exemple.

Avoir le cœur gros répond à une réalité physique : l'émotion réduit la fréquence cardiaque et augmente parallèlement la stase veineuse, ce qui procure l'impression d'avoir le cœur lourd. La souffrance psychique peut provoquer une réelle souffrance physique, souvent prise à tort pour un infarctus. Sous un choc émotionnel, le muscle cardiaque se spasme et provoque une contraction douloureuse dans la poitrine, un engorgement des poumons avec une respiration difficile et des élancements dans les bras : c'est ce que les Anglo-Saxons nomment le syndrome du cœur brisé, dû à un déversement d'adrénaline et de noradrénaline dans le sang ; il est généralement causé par un stress affectif.

Avoir une boule dans la gorge ou à l'estomac répond à ce même principe : le stress libère en effet un flot de substances chimiques, les neurotransmetteurs, de nature à déclencher un spasme de l'œsophage. Lors d'un stress important, le cerveau renvoie le trop-plein vers les organes, qui impriment l'émotion dans leurs fibres. Ce phénomène se traduit par le processus de somatisation.

La peau s'exprime à travers des sécrétions de molécules odoriférantes, les glandes sudoripares, sébacées ou apocrites. Organe sensoriel, la peau, qui incarne aussi nos sentiments, assure la jonction entre le « dehors » et le « dedans », elle est le lieu privilégié de l'expression émotionnelle.

> « Parler en public, avoue cet homme politique très médiatique, est pour moi un vrai défi : j'en ressors liquéfié, les mains moites, le front en sueur. Je sens même des gouttes perler le long de ma nuque et mon visage est complètement décomposé, livide même. »

La circulation sanguine, au niveau de la peau, est soumise aux émotions. Si l'émotion est positive (joie, bonne nouvelle), les vaisseaux se dilatent, le sang afflue, la peau rougit et se réchauffe. Si elle est négative (appréhension, peur, etc.), les vaisseaux se rétractent, la peau pâlit et se refroidit.

Le ventre, lui aussi, s'exprime. Le bon sens nous fait parfois réagir avec nos tripes, comme si, en effet, notre ventre était, plus que le cœur, le siège de nos émotions et contenait une sorte de radar doté de surcroît d'un sixième sens. On savait déjà que se trouvent, à l'intérieur de notre cerveau, deux hémisphères : l'hémisphère gauche spécialisé dans le langage, le rationnel, la logique, et l'hémisphère droit qui est celui de l'émotion, de l'intuition et de la créativité. Très récemment, Mickael Gershon [1], un chercheur américain, s'est intéressé à un troisième cerveau, appelé « cerveau entérique ». Tapi au fond de notre ventre, celui-ci contiendrait une centaine de millions de neurones de nature à influencer notre comportement et notre santé. Le système nerveux entérique est en effet responsable de l'entretien et de la régulation du système digestif, il collabore avec le système immunitaire et modifie le taux de prolifération des muqueuses intestinales. Le physiologiste Pavel Kucera, en évoquant « un cerveau enroulé autour de l'intestin pouvant travailler de manière indépendante du cerveau principal [2] », explique que notre santé dépendrait de l'entente entre nos deux centres nerveux. Il constate que certaines maladies du système digestif sont étroitement liées à notre état psychique. C'est le cas notamment du côlon irritable, une affection qui touche environ 20 % de la population, provoquant des douleurs abdominales, des selles irrégulières et l'accumulation d'air dans l'intestin. Quelque 40 % de ces malades souffrent souvent aussi d'angoisse et de dépression. Le responsable en serait ce cerveau abdominal qui, soumis au stress, produirait des substances irritantes. L'atmosphère psychique semble avoir une incidence sur le fonctionnement de notre ventre. Les enseignements orientaux accordent d'ailleurs depuis des millénai-

1. Professeur au Département d'anatomie et de biologie cellulaire à l'université de Columbia (États-Unis).

2. Interview du magazine *Spirale*, n° 42.

res la primauté au *hara*, le ventre, roue de la sagesse, qu'ils considèrent comme le centre de la sérénité et de l'équilibre.

Corps et psychisme

Notre cerveau joue un rôle capital dans notre fonctionnement psychique. Le système nerveux central dépend de la régulation de l'organisme et de nos comportements. En coordination avec le système limbique, il permet de faire face à l'environnement. L'hypothalamus réagit à un choc en déclenchant toute une série de réactions : accélération cardiaque, montée d'adrénaline, augmentation de la sécrétion de liquide gastrique. Chacun met en place une stratégie d'ajustement pour gérer son émotion. L'alerte passée, tout rentre dans l'ordre.

Quand un événement déborde notre capacité à faire face, le psychisme se fige. Le cerveau, submergé d'émotions et de tensions, décharge alors son trop-plein sur nos organes et les émotions imprègnent nos fibres. La conscience n'a pas d'autre solution que d'inscrire la douleur dans le corps : c'est le principe du processus de somatisation.

Corps et langage

À travers des symptômes, notre corps nous envoie des messages qui sont souvent de vraies balises de détresse pour nous signifier notre déséquilibre intérieur. Nos maladies sont des messages et nos symptômes, un langage. Ce langage du corps peut paraître bien énigmatique pour un néophyte. « Quand ça ne passe pas par la bouche, il faut bien que ça passe ailleurs ! » écrivait Georg Groddeck [1], un contemporain de Freud, considéré comme le père de la médecine psychosomatique, et lecteur attentif du langage du corps vécu.

Qu'est-ce que la psychosomatique ?

Le terme psychosomatique, du grec *psukhê* (âme) et *soma* (corps), est apparu au XIXe siècle. Ce nouveau courant médical vise à introduire des facteurs psychiques pour rendre compte de certaines maladies. La médecine psychosomatique s'est construite autour de deux théories :
– celle de la névrose d'organe, qui affirme que les émotions trop réprimées créent des troubles fonctionnels puis des maladies organiques ;
– celle de la spécificité, qui soutient qu'à chaque émotion correspond un syndrome physique spécifique. Une somatisation est une projection sur le plan corporel des perturbations émotionnelles. L'organisme se comporte tel un miroir de l'âme : quand l'état émotionnel est secoué, c'est l'énergie de l'organe qui en pâtit. Angoisses, contrariétés, chagrin, dépression se convertissent en vertiges, palpitations, douleurs lombaires...

Pour Groddeck, nos organes parlent ; ainsi, une douleur abdominale serait une manifestation somatique d'une question restée sans réponse. Ce qui est tu, réprimé, s'exprimera à même le corps chargé de supporter tous ces silences. Il se fait l'écho de frustrations et de tourments dont nous ne sommes pas toujours conscients. Et souvent, il suffit simplement

1. *Le Livre du ça*, Gallimard, 1923.

d'écouter attentivement un patient parler de son symptôme pour entendre sa véritable plainte.

Patricia est une secrétaire modèle. Toujours à la tâche, elle est la dernière à quitter son bureau et ne sait pas dire non. Elle se plaint de douleurs récurrentes et de crampes au niveau de l'estomac, mais ses examens médicaux ne révèlent pas d'anomalie. « Mon travail est purement alimentaire, et chaque matin, en venant, je ne peux m'empêcher de penser que je suis nulle d'avoir échoué au concours d'entrée qui m'aurait permis d'être orthophoniste, confie-t-elle. J'en suis ulcérée. » Elle finit par être hospitalisée pour un syndrome d'épuisement.

L'inconscient, lui aussi, se manifeste tant par le langage que par le corps. Quand notre désir fondamental est brimé, le déséquilibre psychologique retentit sur le système endocrinien et végétatif, et nous risquons de tomber malades. La maladie doit-elle être obligatoirement le prix à payer pour obtenir le droit de souffler ? Faut-il que le corps souffre pour qu'il se mette à parler ?

Selon le philosophe David Bakar, la maladie est révélatrice d'une scission à l'intérieur de l'individu. Cette idée fait écho à la sagesse antique selon laquelle la maladie est signe de dysharmonie entre corps et esprit : les maux du corps viennent dire tout haut ce que nous pensons ou éprouvons tout bas.

Pierre, chef d'entreprise, constamment sur la brèche, méticuleux et d'un naturel inquiet, souffre de douleurs colitiques avec ballonnements, météorisme et migraines. Il a beau multiplier les traitements et les examens, aucun signe organique n'est vraiment décelé. « Côlon irritable, trouble fonctionnel ! » lui déclare son médecin.

La pratique d'exercices de sophrologie a permis à Pierre de calmer ses douleurs et de canaliser son angoisse.

La colite frappe la plupart du temps les sujets anxieux. Elle est synonyme de « peur au ventre ». On décèle généralement une corrélation entre stress, choc émotionnel et poussées colitiques. La colite serait l'équivalent de la crise de larmes : elle constituerait une échappatoire aux situations professionnelles ou affectives difficiles, à un surmenage, à une frustration, à toute situation génératrice d'un stress intense. Encore faut-il faire le lien entre colite et tension émotionnelle.

Tout symptôme qui s'enracine dans le corps est la résultante d'une souffrance qui s'est d'abord inscrite dans la psyché et qui n'a pas été entendue par le conscient. Il existerait toujours un temps de latence, et souvent, même, plusieurs années s'écoulent avant que le symptôme ne se manifeste par une somatisation en se matérialisant dans le corps. Pour certains psychanalystes, une maladie apparaît lorsque plusieurs conditions sont réunies :

– dans un premier temps, une séparation d'avec un être cher ;

– dans un deuxième temps, une autre séparation (deuil, rupture ou perte symbolique), qui agit comme une répétition traumatisante de la première ;

– dans un troisième temps, quelques mois après, voire un an plus tard, un trouble psychosomatique apparaît : asthme, colite, douleurs de dos ou maux divers. L'événement traumatique n'ayant pu être intégré, il ressurgira dans le corps. La lésion apparaît à un moment clé : lorsqu'un chiffre, un nom, une date ou un fait particulier ravivent le souvenir de l'événement traumatique.

Le corps est notre mémoire la plus profonde, il traduit métaphoriquement l'état de notre âme. L'écoute du langage du corps est une source vive dans laquelle il importe de puiser pour nourrir un travail d'accompagnement. Le langage du corps et le langage de l'analyse, loin de se cliver ou de s'opposer, se complètent ; ils sont indissociables. Ce sont nos sens en éveil qui produisent du sens, d'où la nécessité de cette « levée de censure sur le corps » dont parle Antoinette Fouque [1], en quelque sorte une réconciliation entre ce qui s'articule par la parole et ce que l'on perçoit dans le corps.

Corps et symbolique

De nombreux ouvrages ont, ces dernières années, abordé la question du sens de la maladie. Parmi les auteurs qui se sont penchés sur la métaphore corporelle, citons à nouveau Annick de Souzenelle qui, en 1995, a décodé le symbolisme de nos organes. Elle décrypte, à travers une lecture particulière de la tradition hébraïque et des grands mythes, chacun des organes du corps et leur fonction subtile. Par exemple, les jambes symboliseraient toute la force de réalisation de l'homme (ainsi, les chevaliers apprenaient à monter à cheval, à prendre en main les rênes afin que l'animal devienne leur serviteur).

Pour Michel Odoul [2], fondateur de la phyto-énergétique et auteur d'un traité sur le décodage de nos symptômes à travers la symbolique que les Chinois attribuent aux méridiens d'acupuncture, nos maladies ne sont pas le fait du hasard ou d'une fatalité, mais un message de notre être profond. En

1. Psychanalyste, directrice de recherche à l'université de Paris-VIII, et auteure de *Il y a deux sexes*, Gallimard, 2004.

2. *Dis-moi où tu as mal, je te dirai pourquoi,* Albin Michel, 2002.

Chine, on considère l'être comme une unité fonctionnelle reliée au cosmos. La santé découle de l'équilibre entre deux polarités : le yin et le yang. Ainsi, pour Michel Odoul :

– une douleur dans les épaules serait synonyme de freins à nos désirs d'action, notamment en termes de moyens. Les énergies se bloquent dans les épaules et ne passent pas dans les bras ;

– une douleur dans les genoux indiquerait une difficulté à se plier, à se soumettre à un vécu particulier ; le genou serait l'articulation de l'humilité, de la souplesse intérieure et de la force ;

– la vessie représenterait la phase finale de transformation des énergies et permet d'évacuer les « vieilles » mémoires que nous portons en nous. Sur le plan psychologique, son méridien est associé à la fécondité, à la rigueur, au sens de l'écoute.

Odoul étudie aussi la latéralité du corps : le yin représenterait le côté droit, les valeurs féminines, familiales, l'entreprise, la mère ; le yang recouvrerait le côté gauche, les valeurs masculines, l'autorité, le père. Si une douleur au genou se situe plutôt à droite, il y a lieu de s'interroger sur son rapport à la féminité ; si c'est à gauche, il importe de trouver la source dans les liens avec le masculin et le père.

L'organe cible

Lors d'un dysfonctionnement organique, un « organe cible » est spontanément choisi. Ce que la personne exprime à travers la désignation de ce lieu du corps n'est pas étranger à la fonction de ce dernier. L'estomac, par exemple, peut être touché par tout ce qui concerne le verbe « digérer » (ne pas digérer une situation ou une substance). Ici, la digestion est prise dans le sens métaphorique, indiquant la manière dont la situation est vécue. En ce qui concerne le sein, on retrouve souvent une difficulté liée au verbe « nourrir » (au sens réel ou symbolique). Tout se passe comme si certains événements restaient mémorisés dans le corps, s'y inscrivaient dans une partie précise. Chaque organe cible est en lien avec sa propre personnalité et les manières de somatiser sont nombreuses. Inconsciemment, le malade utilisera la partie la plus sensible de son corps pour fixer son appel affectif. Le corps possède en effet des points de cristallisation, chaque individu présentant une sorte de talon d'Achille. Si, par exemple, votre organe de prédilection est le foie, vos troubles hépatiques se feront peut-être l'écho d'une colère rentrée et toutes vos émotions s'y cristalliseront.

Dans notre ADN, nous véhiculons aussi la mémoire du passé et la fragilité de nos aïeux. Ainsi peut-il y avoir une prédisposition héréditaire pour tel ou tel type d'affection ; il existe en effet des familles de migraineux, d'eczémateux, d'asthmatiques, etc.

Quand le transgénérationnel s'en mêle

La psychogénéalogie, qui étudie les rapports possibles entre notre état physique, psychique, et notre histoire familiale, nous permet de comprendre l'origine de nos maladies. Ainsi un non-dit pour un parent peut-il devenir un secret pour un enfant : lorsque ce parent se trouve dans l'incapacité d'exprimer un ressenti ou de mettre en mots des événements importants de sa vie, ces secrets transmis hanteront sa progéniture, allant parfois jusqu'à en faire payer le prix par la maladie. « Tout se passe comme si on ne pouvait oublier un événement de vie, ni en parler, mais le transmettre sans le dire », écrit Anne Ancelin-Schutzenberger. Dans certaines familles dites « dysfonctionnelles », chacun reste figé dans sa difficulté en répétant le même rôle. S'il n'y a pas de changement en perspective, l'« inavouable » imprègne le corps. Les enfants sont souvent le porte-étendard de la problématique familiale et, à ce titre, se trouvent, malgré eux, accablés par leurs symptômes. Il est des trahisons, des injustices, des secrets ou des infamies qui, à défaut d'avoir été verbalisés, crient en sourdine et finissent par s'exprimer sous la forme d'un symptôme affectant le corps.

Christelle souffre de crises d'angoisse récurrentes. « Cela fait des années que cela dure, dit-elle. J'ai peur, je me sens continuellement traquée. » Au cours de sa thérapie, son père décède et elle apprend alors par sa mère qu'il avait commis un vol avec effraction dans sa jeunesse. Pour éviter la prison, il s'était enfui : se cachant durant de nombreuses années, il avait vécu en reclus, se sentant recherché en permanence. Ce secret avait été gardé par ses parents pendant plus de trente ans.

On doit à Nicolas Abraham et Maria Törok[1] un travail sur les « cryptes » et les « fantômes ». Le fantôme serait un ancêtre qui sortirait de sa tombe après un événement porteur de honte. Le caveau secret se transmettrait de l'inconscient d'un parent à l'inconscient de ses descendants, aux générations suivantes.

Un secret de famille anodin en cache bien souvent un autre, parfois plus grave encore, dans les générations précédentes. Pour Serge Tisseron[2], le secret *indicible* devient un secret

1. *L'Écorce et le Noyau*, Flammarion, 1992.
2. *Les Secrets de famille*, Albin Michel, 2004.

innommable pour la génération suivante et se mue en *impensable* à la troisième génération. Par exemple, dans la deuxième génération, peuvent surgir des troubles spécifiques de l'apprentissage sans perturbations trop importantes de la structure de la personnalité. Ce n'est qu'à la troisième ou à la quatrième génération qu'est susceptible d'apparaître une pathologie beaucoup plus grave, comme une paranoïa, un délire ou une psychose.

Pour comprendre et se libérer de nos maux

Dans l'alchimie de nos sentiments enchevêtrés ou désorientés, la voie de la thérapie et de l'introspection est quelquefois nécessaire pour nous libérer de certains fardeaux familiaux. Nombreuses sont les approches qui évoquent notre histoire personnelle, notre héritage, notre personnalité, notre caractériologie et notre structure dans le lien à la maladie. En voici quelques-unes.

La végéthothérapie

Wilhelm Reich (1897-1957), médecin-analyste, disciple dissident de Freud, fait passer le corps au premier plan de ses observations à travers une nouvelle forme de psychothérapie qu'il nomme « végéthothérapie ». Cette méthode consiste à assouplir le corps en utilisant la respiration et certaines techniques corporelles pour favoriser le relâchement des tensions et des émotions, et retrouver une libre circulation de l'énergie.

Pour Reich, la répression des besoins vitaux sexuels, émotionnels et psychologiques s'inscrit sous forme de raideurs corporelles, et toute rigidité musculaire contiendrait l'histoire et la signification de son origine. Visant à contenir l'angoisse, elle bloque la libre expression des émotions. Ces défenses construites dès l'enfance pour éviter les émotions fortes composent notre cuirasse. Reich parle d'« armure musculaire ». La lecture du corps dans la thérapie de Reich permet de reconnaître les blocages qui entravent le libre flux de l'énergie et la mobilité des organes. Ceux-ci s'exprimeraient à travers sept niveaux décrits comme des anneaux de retenue, disposés le long du corps, où l'on peut observer des modifications du tonus musculaire (hyper ou hypotonie), des attitudes particulières telles que : la fixité du regard, des crispations des mâchoires, des lèvres ; une rigidité et des tensions des épaules, du cou ; une lordose lombaire bloquant le pelvis... Autant d'attitudes pouvant faire l'objet d'une interprétation et d'une lecture du corps.

Une respiration bloquée génère un apport insuffisant d'oxygène se traduisant par une accumulation de déchets de nature à ralentir les fonctions de chaque organe. La respiration libère les émotions, assouplit la cuirasse, remet en circulation l'énergie stagnante et restaure l'équilibre végétatif.

La bioénergie

Alexander Lowen[1], en reprenant les travaux de Reich, conçoit l'analyse bioénergétique. Cette méthode psychocorporelle est basée, comme la végéthothérapie, sur un travail respiratoire associé à des exercices de libération d'énergie. Lowen reprend le concept de cuirasse musculaire. Pour lui, le corps garde la trace de toutes les émotions vécues, que l'on diagnostique par la « lecture du corps ». Il tient compte

1. *Lecture et langage du corps,* Saint-Yves, 1995.

d'abord de l'allure générale, de l'équilibre et des postures diverses globales. Puis une seconde lecture détaillera les différents segments corporels, comme le regard, le port de tête, la tension du cou, le thorax, la respiration, la colonne vertébrale, la position du bassin, afin d'établir une typologie caractérielle.

En bioénergie, le corps est dynamique : il écoute, sent ce qu'il vit, l'exprime et le décharge, puis récupère l'énergie dépensée par le corps et par la pensée. Le sujet dispose ainsi de la faculté d'explorer et de comprendre l'histoire de ses cuirasses.

Les thérapies d'inspiration orientale

Il est possible d'établir un parallèle entre les conceptions de Reich et la vision orientale du monde qu'expriment les chakras indiens ou la circulation d'énergie chez les taoïstes et les pratiquants d'arts martiaux.

Les chakras se définissent comme des centres d'énergie vitale constitués d'éléments subtils ou comme des centres de forces psychiques représentant des niveaux de conscience spécifiques. Ces centres, qui se présentent comme des « roues d'énergie » (c'est la traduction du terme *chakra*), ont la propriété de transformer et de redistribuer l'énergie qui les traverse.

Le corps peut être perçu sous différents aspects :

– à travers le plan physiologique (musculaire, respiratoire, lymphatique, nerveux...) ;

– à travers des plans plus subtils (psychique, champ d'énergie...).

Ces visions s'attachent à une analyse énergétique globale qui ne se limite pas à la seule matière constituant le corps. Ainsi, l'être humain est analysé à travers les relations qu'il entretient avec son entourage, avec les éléments naturels, voire avec l'Univers.

La pensée orientale (tibétaine, chinoise ou indienne) propose un modèle dynamique et énergétique du corps dans lequel le rééquilibrage énergétique s'effectue essentiellement par l'apprentissage de la respiration. Dès leur plus jeune âge, à l'école, les enfants apprennent à se mouvoir harmonieusement. Le yoga met l'accent sur le contrôle et la maîtrise de l'être, sur le corps, sur l'âme et sur les émotions. La pensée tantrique, philosophie issue du bouddhisme, prône une attitude de prise de conscience modifiée et de double conscience à la fois émotionnelle et mentale.

La sophrologie et la relaxation dynamique

Les techniques dynamiques de sophrologie se sont largement inspirées de la pensée orientale et des travaux de bioénergie ; elles proposent un vrai dialogue avec le corps. Toute émotion rejaillit au niveau de l'appareil neurovégétatif et rigidifie le corps.

À travers son concept de *corps vécu* (les exercices associés au souffle sont exécutés lentement et ressentis), la relaxation dynamique, tout comme le travail sur les cuirasses, est un facteur déclencheur de sensations et de perceptions. Les exercices sont conçus pour libérer les traumatismes encore inscrits et, de façon plus générale, toutes les émotions réprimées (colère, peur, etc.). Cette libération remet en circulation l'énergie stagnante.

Cette approche de l'« homme total » à la recherche d'un équilibre garantit une plus grande stabilité, une fluidité dans la souplesse des mouvements et des comportements.

L'enracinement (les pieds bien à plat, en parfait équilibre, ancrés dans le sol et reliés à la terre) favorise une meilleure assise et un état de sérénité intérieure. Les exercices sur les cinq sens nous font expérimenter de façon plus aiguisée nos perceptions internes et nous permettent de maintenir un contact avec notre corps. Chaque expérience sensorielle ou ressenti influence les réponses biochimiques du cerveau. Les images, les sons, les odeurs ont le pouvoir d'agir aussi sur notre physiologie et sur l'ensemble de notre équilibre.

Pour comprendre nos maux et leurs messages, il est aussi possible, avec l'aide d'un sophrologue rompu aux techniques de sophro-analyse, d'introduire le corps dans une dimension analytique, afin de l'ouvrir à une écoute intérieure. L'objectif consiste à faire le lien entre le symptôme et certains éléments de son histoire, d'exprimer un ressenti de manière libre et associative, de réinstaurer un dialogue avec sa douleur et toutes les facettes de son être ainsi que de mettre en évidence certains messages introjectés (que l'on s'est empêché d'exprimer et qui continuent à faire mal).

Du bon usage des maux

Nos maux peuvent servir à affiner notre écoute. « Ce sont nos maladies qui nous guérissent », écrivait Carl G. Jung. La plupart du temps, nous ne voulons pas entendre au fond de nous ce qui fait symptôme. Nos peurs multiples nous empêchent de les avouer, aussi préférons-nous les bâillonner. N'osant pas signifier notre colère de crainte d'être moins aimés, nous la réprimons. C'est ainsi que nous étouffons la plupart de nos émotions. Quand l'âme est bâillonnée, c'est le corps qui parle. Somatiser devient alors la seule façon de faire acte de présence en tant qu'être parlant.

Certaines personnes, réfractaires aux théories donnant un sens à la maladie, pensent tout simplement qu'il n'y a rien à comprendre et que la médecine traditionnelle répond parfaitement à la maladie dans sa prise en charge. D'autres, ne se reconnaissant pas dans les différentes explications symboliques, préfèrent les occulter, sans doute parce qu'elles ne sont peut-être pas prêtes à leur faire face. Les symboles sont les paraboles de notre corps, ils renferment au départ toutes les informations. Ils sont codés pour nous permettre de les aborder à toutes petites doses, car nous ne sommes pas toujours préparés à tout entendre ou tout comprendre et nos mécanismes de défense sont ici bien utiles.

> Sonia passe de longues heures à se laver les mains. Pendant sa thérapie, elle apprend que son père n'est pas son père biologique. Ne parvenant pas à assimiler cette information, elle a besoin de s'en laver... Il lui a fallu de longs mois avant de pouvoir faire le lien avec son symptôme.

Nos pathologies ont toujours un sens, même s'il nous est difficile de les décoder systématiquement. Bien sûr, tous nos bobos ne sont pas forcément interprétables. Un symptôme attire l'attention quand il est récurrent ou quand il survient de façon fulgurante ou inhabituelle : sciatique, lombalgie, tendinite, eczéma, boulimie, etc. Corps, paroles, écoute pourront s'articuler pour donner un sens au symptôme... Gardons-nous néanmoins d'une interprétation systématique du « tout psy » et méfions-nous aussi de toute pensée magique ou de ses dérives. Il s'agit d'hypothèses, de symboles, d'images que l'on peut suggérer pour clarifier un lien entre des événements et un symptôme, et non d'une grille de lecture symbolique à plaquer sur des lésions physiques (et vice versa), auxquelles elle ne collerait pas.

Quel que soit notre degré de croyance, il nous faut prendre conscience que la véritable prévention commence par le soin que l'on accorde à soi-même. Sur le chemin de l'accomplissement personnel, notre corps est notre meilleur allié. Il porte en mémoire notre vécu et les solutions à nos problèmes.

Si nous prêtons attention aux messages qu'il nous envoie, nous saurons, pour nous épanouir, reconnaître cette petite voix intuitive qui nous signale un déséquilibre plutôt que de la faire taire en abusant de tranquillisants. C'est à travers cette écoute que nous serons capables d'analyser la pertinence de nos actes et de nos croyances et de les faire évoluer si nous le jugeons utile.

Des pistes pour mieux vivre son corps et sa vie

Pour sonder notre corps, il nous faut ouvrir les canaux de communication entre l'âme et le corps. La maladie peut offrir l'occasion d'une remise en question, voire d'une transformation positive. Nous possédons tous un potentiel de créativité, d'inventivité et de sensibilité que notre parcours nous a permis d'acquérir. Selon Jung, les crises, les bouleversements et les maladies ne surgiraient pas impunément : ils nous serviraient d'indicateurs pour rectifier une trajectoire, explorer de nouvelles orientations, expérimenter un autre chemin de vie.

Nombre d'entre nous n'ont jamais appris à prendre soin d'eux-mêmes. Nos relations reposent souvent sur des tentatives pour essayer de trouver quelqu'un qui puisse agir à notre place. Que signifie prendre soin de soi ? Les réponses sont quelquefois aussi simples que de s'offrir un peu de repos. Or, nous attendons souvent l'extrême limite pour nous y autoriser. En prenant davantage soin de notre corps, nous apprendrons à reconnaître les signes de tension, de fatigue, et nous saurons y remédier.

Plus le corps est rigide, moins il a de sensations ; plus il est brimé, plus il aura tendance à s'exprimer. En aiguisant l'écoute de soi-même au niveau tant du ressenti corporel que des sentiments, nous saurons donner sens à nos émotions, contrariétés, souffrances psychiques et perturbations somatiques, avant d'adopter les mesures qui s'imposent pour retrouver équilibre et harmonie.

Apprenez à écouter votre corps

Pourquoi accordons-nous si peu de temps et d'intérêt à l'amélioration de notre condition intérieure ? N'est-elle pas celle qui détermine la qualité de notre vie ? Se centrer sur l'écoute permet de réduire toutes les tensions psychiques et physiques, d'accueillir les différents messages corporels, d'identifier nos besoins réels et d'y répondre en redéfinissant par exemple nos limites, nos priorités et en repensant nos choix.

Écouter son corps, c'est entrer en contact avec lui, en être conscient, l'habiter, se fier à son intuition, se faire confiance. C'est aussi s'autoriser à écouter ses sentiments et essayer d'y répondre par une action appropriée. Si, par exemple, vous ressentez des tensions dans la nuque ou dans les épaules à force d'avoir trop travaillé sur ordinateur, vous pouvez accepter pendant quelques minutes de vous arrêter pour vous détendre. Écouter son corps, c'est aussi écouter les « mots » de l'âme, surtout ceux qu'on ne prend pas le temps d'entendre. C'est dans le silence que l'on perçoit les réponses.

Voici un exemple d'écoute du corps. Lorsqu'une douleur se manifeste, imposez-vous le calme et posez-vous les questions suivantes : à quel moment la douleur est-elle apparue ? dans quelles circonstances précises ? D'où vient-elle ? Puis-je en comprendre le sens ? Qu'a-t-elle à me dire ? Laissez émerger les réponses, elles ne viendront pas spontanément. Soyez dans la perception de tout votre être, comme si chaque parcelle de votre corps et de votre esprit s'efforçait de saisir quelque chose. En vous plaçant dans ce ressenti, vous progresserez également dans la communication avec votre entourage. Pour cela, il vous faut d'abord être en lien profond et en accord avec vous-même.

L'une des étapes importantes dans cette démarche d'identification est de comprendre quel message se cache derrière un symptôme. Il s'agit non seulement d'identifier le problème signalant la maladie, mais aussi d'analyser ce qu'il importe de changer.

Un grand nombre de maladies courantes ou chroniques surviennent lorsque nous sommes incapables d'affronter efficacement une situation. Ainsi, si vous souffrez par exemple de maux de dos, il se peut que votre symptôme soit un effet secondaire d'une réponse inadaptée au stress ou aux exigences qui pèsent sur vous. Dans de telles situations, il vous faut explorer vos sentiments : retournez-vous contre vous-même votre frustration et vos émotions négatives ? Après avoir identifié vos sentiments et découvert les façons les plus efficaces d'y remédier, vos symptômes diminuent-ils ? Répertoriez vos croyances, vos attitudes courantes face aux événements de la vie. Qu'attendez-vous des autres ? Vous sentez-vous souvent exploité ? non reconnu ? Comment évaluez-vous vos relations avec votre entourage ? Vous trouvez-vous optimiste ou voyez-vous la vie avec des lunettes plutôt sombres ? En mettant en évidence votre comportement fondamental, vous modifierez peut-être votre perception et votre approche de la vie. Par des changements positifs, vous pouvez influer sur la façon de ressentir votre corps.

Éveillez vos sens

Notre cerveau est le réceptacle de myriades d'énergies qui nous entourent. En vous connectant davantage à vos cinq sens, vous découvrirez toute la richesse d'une palette de perceptions sensorielles. Vous expérimenterez de façon plus tangible le plaisir d'être plus en contact avec votre corps, dans toutes ses sources de sensualité et de plaisir. En affinant ces perceptions, vous vous remplirez d'énergie, source essentielle de vie et d'harmonisation esprit-corps, et d'autres sens s'éveilleront encore en vous (créativité, imagination, intuition, etc.) qui vous ouvriront à la vie. Notre réseau sensoriel filtre les informations à travers les énergies électriques de l'esprit et de nos émotions, et nous permet de percevoir les réalités qui nous entourent, d'où l'importance d'utiliser ces cinq sens. Chaque jour, éveillez votre réseau sensoriel : regardez, touchez, humez, goûtez, écoutez en toute conscience.

Choisissez par exemple une activité routinière et décidez de l'effectuer plus consciemment. Commencez par ralentir tous vos gestes et prenez conscience d'une foule de détails auxquels vous n'accordiez pas d'importance. Faites en sorte que seule l'activité du moment soit la plus importante. Écoutez par exemple une musique agréable.

Accordez-vous aussi le droit de ne rien faire, sans panique, sans culpabilité. Prenez votre temps, installez-vous par exemple à la terrasse d'un café, dans un jardin public ou simplement dans votre salon, et observez, écoutez, percevez, sentez... Autant de manières d'embellir votre quotidien en le vivant pleinement avec tous vos sens.

Respirez

À l'origine est le souffle. L'humanité a très tôt pris conscience de la puissance du souffle maîtrisé. Toutes les traditions corps-esprit commencent par ce travail sur la respiration. Les scientifiques en redécouvrent aujourd'hui les vertus. Une bonne respiration calme le système nerveux en favorisant les réactions parasympathiques. Et, de ce fait, le cœur ralentit, la pression sanguine baisse, la circulation et la digestion s'améliorent, le système immunitaire est renforcé. La maîtrise du souffle permet un état de concentration maximal. Les neurobiologistes ont découvert par exemple que la simple focalisation de l'attention déplace l'activité cérébrale des émotions négatives vers les positives. La pratique de la respiration, c'est aussi une petite cure qui permet de calmer notre perpétuelle agitation mentale. Habituons-nous au quotidien à être davantage vigilants à notre état intérieur, en percevant simplement la présence du souffle, avec la sensation agréable de bénéficier d'un peu de temps pour être avec soi, attentif aux mouvements que l'on effectue. Attentif à soi, mais aussi à son environnement. À chacun sa recette pour retrouver sa place et reprendre son souffle.

Applications pratiques

Rappel : [...] indique une pause de quelques secondes.

Exercice n° 1

Objectif : lever certains blocages qui empêchent l'énergie de circuler librement dans votre corps

• Déchaussez-vous, tenez-vous debout, les yeux fermés, les pieds légèrement écartés et bien à plat sur le sol, les bras le long du corps.

• Puis remuez tout votre corps à la manière d'un pantin désarticulé.

• Effectuez ce mouvement pendant quelques minutes, comme si vous vouliez désengourdir votre corps après une longue période d'immobilité.

• Puis, toujours les yeux fermés, prenez le temps d'accueillir les sensations de relâchement que cet exercice procure. [...]

Exercice n° 2

Objectif : vous remplir d'énergie

• Debout, les pieds légèrement écartés, à peu près de la largeur de vos épaules, vous vous sentez bien enraciné dans le sol.

• Votre respiration est abdominale. Imaginez que vous puisez l'énergie de la terre par la plante de vos pieds et que vous la sentiez monter dans tout votre corps.

• Donnez une couleur à cette énergie afin de la visualiser et de la ressentir circuler dans tout votre corps.

• Inspirez ensuite profondément puis, pendant la rétention d'air, levez les deux bras à l'horizontale devant vous, paumes ouvertes vers le ciel, et ramenez plusieurs fois les avant-bras vers vos épaules en les touchant afin de diriger vers vous toute l'énergie de l'air.

• Expulsez l'air lentement en faisant glisser vos bras le long du corps.

• Prenez conscience de vos sensations et recommencez l'exercice trois fois.

Prendre le temps de souffler

Les exigences de notre vie quotidienne ne nous laissent guère le temps de souffler. Un objectif à atteindre, une tâche urgente à terminer, une complication à gérer, une émotion qui pointe à l'horizon, et notre respiration devient superficielle, rapide, thoracique, à l'image de notre rythme de vie : haletante, stressante. Manque de souffle, oppression douloureuse des muscles de la poitrine, lourdeur ou tension des épaules en sont souvent le corollaire.

Dans le langage populaire, nombre d'expressions sont liées à la respiration : on a « le souffle coupé » lorsqu'une émotion nous saisit ; on est « à bout de souffle » quand une activité s'étire en longueur ; on « perd son souffle », on « soupire de soulagement », on « rend son dernier souffle » en mourant.

L'importance du souffle

Le souffle intervient dans de nombreux cultes, rites et religions ; il s'inscrit comme le principe même de la vie, c'est lui qui l'anime et la fait vibrer. Le mot latin *spiritus* signifie souffle, air, esprit. La respiration serait alors l'esprit, le souffle qui va et revient sans cesse. Certaines cultures traditionnelles voient dans la respiration une manifestation directe de l'esprit, une force transcendante à laquelle nous pourrions nous relier consciemment.

De nombreux rituels à travers le monde l'utilisent comme moyen de purification. En sanscrit, l'Atman, dieu créateur, se manifeste en l'homme à travers la respiration, qui est, comme le *prana* de la tradition indienne, le souffle et l'esprit. Symbole du monde spirituel, elle posséderait la capacité d'ouvrir les portes de l'intelligence et du cœur. Dans les grands enseignements traditionnels, comme le zen venu de Chine vers le XIIe siècle, elle est au centre du cheminement intérieur, la respiration abdominale servant de support d'apprentissage à la méditation. Depuis des siècles, les moines bouddhistes l'utilisent pour accéder à un niveau mental et spirituel plus élevé. Cette concentration sur le souffle s'effectue par les *nadis* ou canaux énergétiques. L'aptitude à centrer et contrôler toute sa conscience mentale et physique est pour eux la clé de la maîtrise totale du corps et de l'esprit.

Pour les hindous, l'air que nous respirons contient le *prana*, la force vitale qui nous régénère. Elle se trouve dans le *hara* qui réside au centre de la personne ; situé deux doigts au-dessous du nombril, le *hara* est un concept spirituel qui conduit l'être sur la voie de son développement intérieur. L'Oriental y place toute sa conscience, il y puise sa force et sa maîtrise.

Les Japonais considèrent le ventre comme le centre vital de l'énergie. En apprenant la maîtrise de la respiration, ils ont constaté que d'autres fonctions corporelles (rythme cardiaque, circulation du sang et équilibre émotionnel et physique) se modifiaient consciemment. Ils ont découvert que l'esprit était capable de contrôler et de diriger la circulation de l'énergie créée par une respiration appropriée.

Ainsi le mental, en coordination avec le souffle, peut-il agir sur la santé physique et sur l'ensemble du système immunitaire. Les endorphines dépêchées dans les cellules rétablissent une circulation fluide et calment toutes sortes de tensions. L'ensemble de l'organisme réagit à cette qualité vibratoire transmise par le souffle.

Dès l'enfance, on nous incite à rentrer le ventre. Les Orientaux, eux, nous invitent à lâcher prise dans le bas-ventre et nous enseignent que c'est la partie la plus puissante et en même temps la plus inconsciente de notre corps, celle où se cristallisent nos angoisses, nos colères réprimées, nos peurs, qui se traduisent par des maux de ventre : constipations, diarrhées, colites et autres douleurs abdominales. « Si vous êtes bien dans votre *hara*, vous êtes bien dans votre assiette, et il sera difficile de renverser votre équilibre », précise Karlfried Graf Dürckheim[1]. La personne centrée sur son *hara* est équilibrée, calme, bien dans sa peau, bien dans son corps et dans sa vie.

Respiration et émotions

La respiration est le baromètre de notre état intérieur. Une perturbation émotionnelle accroît la tension musculaire, accélère le rythme cardiaque et augmente la pression sanguine. L'émotion essouffle, fait haleter, l'angoisse étouffe, la surprise coupe le souffle, le chagrin produit un sanglot caractérisé, la dépression fait soupirer. Quand nous réprimons une peur ou une colère, notre rythme respiratoire se modifie,

1. *Le Centre de l'Être*, Albin Michel, coll. « Spiritualités vivantes », 2000.

nous retenons notre souffle. Le diaphragme, muscle le plus important de la fonction respiratoire, est dans ces moments-là le plus souvent bloqué.

> « Quand je suis angoissée, je contracte mon ventre, j'ai même l'impression de ne plus respirer », dit Adèle.

La respiration de l'anxieux est rapide, saccadée, incomplète. Un certain nombre de personnes pensent contrôler leurs émotions en bloquant les muscles du thorax et de l'abdomen. Une telle attitude risque d'accentuer le sentiment d'insécurité. Alexander Lowen[1] voit dans cette contraction du ventre un manque de plénitude dans la vie qu'il associe au vide intérieur. Si les muscles abdominaux sont en permanence tendus, la respiration devient superficielle ; elle s'accompagne en général d'une constriction du diaphragme et des muscles abdominaux, et il s'établit alors une véritable scission entre le haut et le bas du corps. Le manque d'oxygénation devient alors un terrain propice à l'évolution de nombreux troubles aussi bien physiques que psychologiques.

> « J'étouffe dans une ambiance familiale écrasante, ma mère est constamment sur mon dos », explique Christelle, qui souffre de crises d'asthme récurrentes.

Certaines affections comme l'asthme allergique, la bronchite chronique ou l'hyperventilation sont des symptômes respiratoires. La crise d'asthme procure une sensation d'oppression thoracique et la respiration émet des sifflements. Pour F.-B. Michel[2], il s'agirait dans bien des cas « d'une parole ou d'une souffrance qui cherche à s'exprimer,

---

1. *Le Plaisir*, Tchou, 1976.
2. *Le Souffle coupé, respirer et écrire*, Gallimard, 1984.

ce syndrome respiratoire traduirait un lien ou une relation à la mère étouffante, ou une difficulté de se séparer d'elle ».

Spasmophilie, sensations de boule dans la gorge avec agitation sont des phénomènes d'hyperventilation, la peur, l'anxiété en sont les déclencheurs. Tous ces troubles s'atténuent dès les premières séances d'apprentissage des techniques respiratoires. Très rapidement, l'organisme « sous-ventilé » retrouve une énergie à laquelle il n'était plus habitué. La focalisation sur la respiration induit un état de conscience modifié qui calme l'anxiété et procure une plus grande relaxation tant physique que mentale.

Une respiration ample constitue un élément essentiel à une bonne expression orale. La parole devient plus fluide, plus aisée. Il est aussi possible d'atténuer des défauts d'élocution ou de moduler le timbre d'une voix. La voix possède aussi le pouvoir d'induire des émotions. Plus le souffle est profond, plus le sentiment exprimé est intense. Pour que le mot sonne « juste », le souffle qui le porte doit prendre son départ au niveau de l'abdomen. C'est ainsi que chanteurs et cantatrices travaillent leur souffle.

Respirer, c'est libérer l'émotionnel. Le souffle de vie, c'est la recherche de la paix intérieure. Le calme, la détente s'accompagnent d'une respiration paisible. Notre rythme respiratoire ralentit lorsque nous sommes absorbés par une tâche qui demande réflexion. Et quand nous dormons, il se calme tout naturellement.

Une bonne respiration, la clef du bien-être

La respiration régule nos besoins fondamentaux et régénère tout l'organisme. Ample et profonde, c'est une ressource bénéfique pour notre corps. À l'inspiration, le diaphragme s'abaisse et opère un massage des organes du foie, de la rate, de l'estomac, de l'intestin. L'expiration produit un afflux supplémentaire de sang dans les organes de notre appareil digestif, ce qui les rend plus toniques. Le foie se trouve naturellement réchauffé par le va-et-vient du diaphragme, la détente apportée par la respiration profonde opère un massage de la vésicule biliaire et la digestion est facilitée. Agissant sur l'ensemble du métabolisme, la respiration profonde permet entre autres d'éviter de fixer les graisses et permet même d'en brûler d'anciennes. En effet, si les poumons sont bien oxygénés, ils détruisent par combustion 10 % des graisses contenues dans le sang et les toxines sont mieux éliminées par l'expiration. La respiration tient alors un rôle de purificateur ; les défenses immunitaires sont renforcées et peu à peu la fatigue disparaît. La respiration profonde est également bénéfique au niveau du tissu cérébral, elle dynamise les processus mentaux, favorise les capacités de mémorisation et de concentration. Ainsi, notre cerveau droit, peu sollicité, retrouve toute sa créativité. L'allongement de la respiration calme le rythme cardiaque et réduit le stress. L'ensemble du circuit énergétique est revitalisé et la sexualité est elle aussi activée.

Le souffle possède une dimension unique chez l'individu : il est à la fois conscient et inconscient. Le contrôle volontaire de la respiration installe rapidement un état de détente. Attentifs à notre souffle, nous pouvons réguler et affiner la qualité de cet air pour apaiser les tensions, stimuler la vitalité, afin de parvenir à un meilleur équilibre émotionnel. La respiration s'inscrit dans un double mouvement : celui de la tension à l'inspiration et celui de la détente à l'expiration. À l'inspiration, le souffle ouvre au monde extérieur et assure une meilleure qualité de présence et de communication ; à l'expiration, le souffle qui nous revient ouvre à soi et permet d'explorer le langage personnel.

L'air que l'on dirige consciemment développe vigueur et enthousiasme, il donne au corps une assise plus stable mais aussi une plus grande confiance en soi et en la vie. Apprendre à contrôler sa respiration en accroît la maîtrise et augmente son efficacité dans diverses activités. Marcher, chanter, pratiquer un sport, parler en public sont autant d'activités dont la réussite est liée à notre façon d'utiliser notre souffle.

La pratique de la respiration en sophrologie

Nombreuses sont les personnes qui n'ont jamais porté une attention particulière à leur souffle. Dès les premières séances de sophrologie, elles réalisent que leur respiration est incomplète, superficielle, car elles n'utilisent que le tiers supérieur de leur capacité pulmonaire. La maîtrise de la respiration est au cœur de l'apprentissage de la sophrologie ; faisant participer le corps tout entier, elle a le pouvoir d'atteindre et de libérer des sentiments réprimés.

Une bonne respiration constitue un instrument indispensable à la recherche de la détente et du bien-être. Pour atteindre cet état d'harmonie intérieure, toute séance de sophrologie commence par un relâchement de la sangle abdominale. La plupart des techniques de relaxation débutent d'ailleurs par ce préalable : la conscience du souffle. C'est le premier pas vers la maîtrise du corps et de l'esprit. Notre santé, notre état d'esprit, notre force créatrice dépendent tous de l'apport d'oxygène fourni par la respiration. Respirer en mobilisant son abdomen assure notre enracinement. En dirigeant notre souffle-énergie vers certaines parties de notre corps, nous pouvons les dynamiser, les revivifier ou les apaiser.

Habituez-vous par exemple à pratiquer, au cours de la journée, quelques respirations profondes en inspirant par le nez (et non par la bouche, afin de filtrer les impuretés de l'air) et placez la paume de votre main gauche sur votre diaphragme et la droite sur votre ventre : cette respiration agit sur l'ensemble des organes de votre corps.

Focaliser sa respiration et sa conscience au niveau de l'abdomen à plusieurs reprises dans la journée accroît la maîtrise de soi et réduit les effets du stress.

La respiration alternée (expliquée dans les Applications pratiques p. 67) est préconisée en sophrologie pour calmer le système nerveux et améliorer concentration et mémoire en agissant sur les différentes fonctions des hémisphères cérébraux droit et gauche. Les yogis de l'Himalaya affirment que cette respiration est essentielle. Pour eux, elle posséderait un cycle naturel qui utilise chaque narine dans un but précis ; la respiration par la narine droite stimule l'action et la combativité, tandis que celle par la narine gauche génère le calme et la réflexion.

Bien plus qu'un réflexe physiologique, la respiration contribue à notre épanouissement et à l'affermissement de notre force intérieure. Notre bien-être dépend en grande partie de ce va-et-vient souple et harmonieux du souffle.

Exercice n° 3

La respiration abdominale pour lutter contre le stress

• Commencez par observer votre respiration. Est-elle haute, c'est-à-dire haletante et donc thoracique ? saccadée ? superficielle ?

• Debout, assis ou allongé, appliquez votre main sur votre abdomen, écoutez votre souffle. [...] Laissez aller et venir votre respiration pendant quelques instants afin qu'elle devienne de plus en plus abdominale : vous devez sentir votre ventre se soulever et s'abaisser au rythme de la respiration.

• Puis expirez par la bouche en chassant le plus d'air possible et en poussant votre nombril vers les lombaires. [...]

• Ensuite inspirez doucement l'air par le nez en gonflant le ventre... et expirez doucement l'air par la bouche, en abaissant le ventre comme pour le rentrer à l'intérieur de votre corps. [...]

• Vivez chaque expiration comme une sensation de libération, de détente.

• Faites des expirations plus lentes, plus longues que les inspirations.

• Après cinq ou six respirations, marquez une petite pause et laissez l'air circuler librement. Entraînez-vous à pratiquer deux ou trois fois par jour cette respiration.

Exercice n° 4

La respiration totale pour relaxer

• Allongez-vous sur le dos, une main sur votre abdomen, expirez à fond pour vider vos poumons, puis inspirez lentement par le nez en gonflant d'abord votre ventre. [...]

• Lorsqu'il est bien gonflé, laissez monter l'air dans la poitrine et dans les épaules (tout en gardant le ventre sorti).

• Retenez l'air quelques instants puis expirez doucement par le nez, en abaissant d'abord les épaules, la poitrine et le ventre en dernier. [...]

• Respirez normalement quelques instants, simplement en ressentant la détente dans tout votre corps. [...]

• Recommencez encore une ou deux fois ce même exercice et, à chaque expiration, approfondissez votre détente. [...]

Vous constaterez au fil de l'entraînement combien ces exercices sont bénéfiques pour votre santé et vous pourrez les intégrer totalement dans n'importe quelle circonstance de votre vie quotidienne, notamment lorsque vous vous sentez oppressé ou stressé, ou plus simplement lorsque vous avez besoin de reprendre votre souffle.

Exercice n° 5

La respiration abdominale contrôlée pour une plus grande maîtrise de soi

• En position assise, détendez tous vos muscles, en particulier ceux de vos jambes, et posez vos pieds bien à plat au sol. Il est important de maintenir le buste droit afin de bien dégager l'abdomen et ainsi d'augmenter le volume de l'air inspiré.

• Placez vos mains à plat sur le bas de votre ventre, les bouts des doigts se touchant presque.

• Commencez par expirer par la bouche en soufflant doucement à travers les lèvres légèrement entrouvertes et comptez lentement de 1 à 5 en rentrant votre abdomen au maximum.

• Puis inspirez par le nez et gonflez la partie inférieure de l'abdomen en comptant lentement jusqu'à 5.

• Débutez l'expiration à partir de l'abdomen tout en le dégonflant et en appuyant du bout des doigts sur le bas-ventre.

• Recommencez cet exercice en essayant chaque fois de rallonger un peu le temps d'expiration.

Exercice n° 6

La respiration alternée pour calmer l'anxiété et renforcer concentration et mémoire

• Asseyez-vous dans une position confortable, le sommet de la tête bien redressé. Détendez tout votre corps. [...] Relaxez votre mâchoire et respirez régulièrement.

• Avec votre pouce droit, fermez votre narine droite.

• Inspirez lentement par l'autre narine en vous concentrant sur le trajet de l'air.

• Fermez la narine gauche, ouvrez la narine droite et expirez lentement.

• Puis changez de narine et faites cela une dizaine de fois.

• Pratiquée quotidiennement, cette respiration est d'une réelle efficacité. Vous en ressentirez rapidement les bienfaits.

Faire du stress un ami

Notre rythme de vie est l'une des sources majeures de stress. Engagés dans une course effrénée, nous ressentons un déséquilibre réel entre nos possibilités et les sollicitations de plus en plus nombreuses de notre environnement. Dans cette logique de performance et d'efficacité, nous nous laissons submerger par un surcroît d'activité en accusant le temps de ne pas se plier à nos exigences. En état d'alerte permanent, nous soumettons notre organisme à toutes sortes de contraintes en omettant de le détendre.

Fatiguée, démotivée, Annick a l'impression de ne plus pouvoir faire face à ses obligations tant familiales que professionnelles. « Je suis tellement sous pression qu'il m'est impossible de me concentrer, ma tête est un vrai champ de bataille et tout est confus », se plaint-elle.

Un tel fonctionnement risque de nous conduire à l'épuisement, à une surcharge émotionnelle et à la maladie...

Ce qu'est le stress

Le stress peut être décrit comme un état de tension lié à un stimulus externe et perceptible chez chacun en fonction de sa propre réactivité. Hans Selye, un biologiste canadien, le définit en 1936 comme une réaction d'adaptation de l'organisme face à un changement survenant dans son environnement. Le stress, qu'il appelle « syndrome général d'adaptation », est l'ensemble des réactions physiologiques qui font suite à une agression de quelque nature qu'elle soit.

Notre vie quotidienne nous soumet constamment à des exigences diverses nous obligeant à déployer toutes sortes de ressources afin de maintenir un juste équilibre entre physique et psychique pour réguler le stress. Cette adéquation inclut à la fois notre capacité à le percevoir et à trouver la réponse appropriée. On désigne sous le terme d'« homéostasie » l'effort du corps pour maintenir un environnement interne stable. Lors de périodes de forte tension, nos fonctions de régulation sont davantage sollicitées et nécessitent de faire appel à des mécanismes de plus en plus complexes. Si le stress se répète ou s'accumule, les réserves s'épuisent, le corps ne parvient plus à se recharger. C'est donc l'exagération des réponses, par altération de l'homéostasie corporelle, qui serait nocive et déclencherait alors certaines pathologies.

Chaque individu réagit en fonction de sa propre structure, de son terrain génétique, de sa culture, de son éducation et de son histoire. Aussi la perception du stress et la capacité à y répondre varient-elles d'une personne à l'autre. Nos modèles de réaction prennent leur source dans la prime enfance et sont intimement liés à la solidité de notre sécurité affective de base. Ainsi, une mère anxieuse transmettra un modèle plutôt *insécure* qui marquera l'enfant par une plus grande vulnérabilité.

L'environnement éducatif, les traumatismes vécus (séparations précoces, violences, abus) conditionnent donc pour une large part notre seuil de tolérance au stress et expliqueraient des différences de comportement face au même facteur déclenchant.

> Gérard a perdu son père dans un accident à l'âge de 4 ans. Il a été élevé seul par une mère anxieuse. « Je suis comme elle, un éternel angoissé », dit-il. Il appréhende avec crainte toute situation à laquelle il doit s'adapter. Ses mains sont toujours moites, son estomac continuellement noué, et il est souvent sujet à des attaques de panique.

Certains, bien que marqués par des événements difficiles, ont néanmoins appris à développer de bonnes qualités d'adaptation en faisant confiance à leurs propres ressources.

Notre capacité à résister se modifie tout au long de notre vie et nous pouvons continuer à la faire évoluer. Parmi les techniques qu'il nous est possible d'acquérir pour mieux appréhender tensions et émotions, la sophrologie constitue un outil antistress par excellence. Elle nous permet de percevoir avec plus d'acuité les messages et les signaux du stress, mais aussi de contrôler les manifestations corporelles par l'intermédiaire de la détente des muscles superficiels et profonds. L'état de relaxation induit une modification du tonus musculaire et de l'activité du système neurovégétatif. Apprendre à se détendre est le premier pas vers la plus intense des formes de communication avec soi-même. Ce dialogue avec soi, avec son corps, génère une meilleure régulation de l'ensemble de notre fonctionnement interne ; il dynamise notre conscience en nous conférant une plus grande aptitude à appréhender toute nouvelle agression.

Les facteurs de stress

Ils sont à classer en trois catégories.

Les facteurs environnementaux

Compétitivité, rapidité, bruit, pollution, production et consommation accrues, charge de travail, horaires imposés, délais à respecter, avec toutes sortes de contraintes. Si notre environnement nous soumet à de trop fortes sollicitations, nous disposerons de moins d'autonomie pour élaborer nos stratégies d'adaptation.

Les facteurs relationnels

Absence de communication, séparations, ruptures, recomposition de la famille, affermissement de l'individualisme, autant de paramètres auxquels il y a lieu de s'adapter dans une société renvoyant chacun à plus de solitude. La forte charge affective impliquée dans ces stress décuple tous les effets du stress relationnel.

Les facteurs personnels

Notre façon de réagir au stress dépend en grande partie, comme cela a été évoqué, de notre histoire personnelle. Ainsi la mémoire du passé est-elle susceptible de déclencher sur le plan émotionnel des réactions disproportionnées à partir d'un stimulus anodin et de constituer notre mode de fonctionnement. Il peut s'agir de schémas de comportement dont nous sommes coutumiers, comme vouloir tout contrôler, ne jamais déléguer ou se laisser déborder par une surcharge de tâches à exécuter. Nombreux sont les *supermen* et *wonderwomen* à vouloir être exemplaires dans tous les domaines, sans jamais prendre le temps de se détendre. Ils se conduisent quelquefois comme de vrais bourreaux ou tyrans pour eux-mêmes, dans une méconnaissance totale de leurs besoins et de leurs désirs. Insensibles aux messages d'alerte que leur corps leur envoie, ils finissent par s'effondrer, au bord de l'épuisement.

Trois types de réactions

L'étude des comportements met en évidence trois principaux modes de réaction face au stress : la fuite, l'attaque, l'inhibition.

En situation de conflit, la fuite consiste à éviter l'agent de stress ; certains répliqueront par une hyperactivité pour éviter de se confronter à l'anxiété.

L'attaque pousse à neutraliser l'agent stressant et à réagir par l'affrontement, par l'agressivité.

L'inhibition, au contraire, oblige à rester en contact avec lui ; elle se traduit par la perte de tous ses moyens, avec le sentiment d'être bloqué. Cette inhibition dans l'action conduit à un sentiment d'impuissance, à un état de passivité et de défaitisme générateur de perturbations diverses.

Il importe donc de reconnaître le mode d'expression que nous utilisons le plus souvent, afin de savoir s'il correspond à une adaptation de bonne qualité. Nos sensations physiques constituent les indicateurs les plus fiables pour repérer les déséquilibres qui s'installent en nous. Il nous faut donc affiner nos perceptions pour repérer la dynamique en cours.

Bon stress et mauvais stress

Le stress, c'est avant tout ce courant qui nous incite à réagir promptement pour faire face aux besoins d'une situation. Devant un danger potentiel, il permet de mobiliser l'énergie dans le cerveau, dans les muscles, et de nous préparer à prendre les meilleures décisions. À doses acceptables, il est un excitant qui nous engage à l'action et qui déclenche nos réflexes de survie. Hans Seyle distingue deux types d'effets, suivant la capacité adaptative de la personne : le *distress*, ou mauvais stress, et l'*eustress*, qui équivaut au bon stress.

Le bon stress est celui qui nous procure un sentiment positif d'acuité et d'efficacité, même s'il nous fait vivre une tension momentanée que nous acceptons. Il correspond à l'exaltation de réaliser des projets plaisants, il nous dynamise, nous rend plus performants, et dope nos capacités intellectuelles. Il est pour certains le moteur de leur existence. Devoir par exemple travailler dans l'urgence peut se révéler être un stress stimulant ; c'est ce même stress qui nous engage lors d'un examen, d'un entretien d'embauche, à donner le meilleur de soi-même.

Mylène, journaliste, présente à 15 h 12 précises une chronique quotidienne à la radio. C'est au dernier moment qu'elle se charge des corrections nécessaires afin d'être prête pour son heure d'antenne. Elle aime l'intensité de ce moment, juste avant de prendre le micro. Elle se trouve dans une situation où toute autre personne risquerait de souffrir de stress. Cette tension au contraire la stimule, elle se passionne pour les recherches à effectuer et palpite à l'idée d'aller à la source de l'information. Elle sait mobiliser et canaliser son énergie au bon moment. Satisfaite de sa mission, elle réussit au mieux son adaptation à la situation. Le défi qu'elle se lance quotidiennement augmente sa confiance en elle et son potentiel.

Les sujets qui réagissent positivement au stress feraient preuve d'une plus grande flexibilité, et d'une plus grande cohérence entre leurs opinions et leurs comportements.

Le mauvais stress est celui qui peut provenir d'un événement traumatique (deuil, accident, licenciement, pertes diverses) et qui persiste au-delà de la présence de l'agent stresseur. Quand son intensité est trop importante et quand il se répète et se cumule, toutes les fonctions de l'organisme sont perturbées. C'est aussi celui qui découle d'un stress chronique, comme lorsque nous devons subir des conditions de vie et de travail contraignantes et dépourvues de plaisir. Il en résulte une vulnérabilité accrue aux « stresseurs » de moindre importance. Des expériences ont en effet démontré qu'un neurone stimulé par des chocs électriques répétitifs réagit de plus en plus vivement à des chocs même les plus minimes.

Certains, à cause de leurs exigences excessives ou d'un perfectionnisme à outrance, se laissent déborder par des sollicitations diverses et se traitent sans ménagement en brûlant toutes leurs ressources. Un trop-plein de stress altère notre résistance.

L'absence de stress engourdit, génère une indifférenciation à l'environnement. Aucun événement ne sort plus de la routine, le temps perd ses repères. Sans stimulation, c'est l'ennui.

Pierre, cadre supérieur dans une grande société, vient de prendre sa retraite. Du statut d'actif, il tombe dans la passivité. Sans reconnaissance sociale, il se sent inutile, n'a plus d'objectifs précis. Sa nouvelle situation produit une autre forme de stress : il souffre de symptômes divers (maux de dos, migraines, troubles du sommeil).

L'excès de stress

Il se traduit par une diminution des performances et des difficultés de concentration.

Sur le plan psychologique, il s'exprime par une baisse de la motivation, par la perte de confiance en soi, ou encore par de l'inertie ou des jugements dévalorisants sur soi-même, avec culpabilité, anxiété et épisodes dépressifs.

Sur le plan physiologique, le cerveau se mobilise et donne l'ordre aux glandes surrénales de libérer certaines hormones, notamment de l'adrénaline. L'hypothalamus sécrète différents neuromédiateurs (dont l'acétylcholine) et prend le contrôle de la thyroïde, des glandes sexuelles et des surrénales. Ces dernières, situées au niveau des reins, libèrent alors du cortisol, d'où l'effet dynamisant à court terme du stress. Parallèlement, le système nerveux réagit par une décharge d'autres neuromédiateurs (adrénaline et noradrénaline). Ainsi, la fréquence cardiaque et la respiration s'accélèrent, la pression artérielle augmente. Les neuromédiateurs et les hormones libérés sous l'effet d'un stress vont modifier nos réactions immunitaires et diminuer notre seuil de résistance aux maladies. À la longue, les chocs psychiques et la production de cortisol altèrent les neurones situés au niveau de l'hippocampe, zone impliquée dans les capacités intellectuelles et la gestion des émotions. Quand les tensions s'accumulent, l'organisme sécrète du cortisol jusqu'à épuisement. Des réactions émotionnelles intenses augmenteront anormalement la concentration du taux de cortisol. Stress psychologique et anxiété influencent également le taux de cholestérol.

Les trois phases du stress

1. La phase d'alarme

Elle est caractérisée par différentes modifications sanguines et hormonales où tous nos sens sont en alerte avec troubles de la régulation thermique : baisse de la température du corps, sensation de frilosité, perte de poids, tremblement des paupières, hypotension, etc. Si la réaction d'alarme se répète trop souvent, l'organisme ne parvient plus à recharger ses batteries, la vigilance mentale s'accroît et les désordres physiologiques deviennent de plus en plus perceptibles.

2. La phase de résistance de nature nerveuse

Les mécanismes d'adaptation sont poussés au maximum, avec, comme conséquence sur le plan physiologique, l'inversion des phénomènes de la phase d'alarme, à savoir :

– accroissement de l'activité des glandes corticosurrénales, d'où hypertension ;

– suractivité des glandes sympathiques, entraînant des déséquilibres émotionnels et comportementaux de plus en plus évidents.

3. La phase d'épuisement

C'est le stade ultime du stress : toutes nos réserves sont consommées, les mécanismes de défense sont dépassés, résistances et tensions s'installent jusqu'à l'épuisement. C'est le *burn out*. Pathologies cardiaques, maladies ou troubles psychosomatiques divers, dépression en sont les corollaires.

Repéré en 1980 par le psychanalyste américain Herbert J. Freudenreich, le *burn out* désigne le syndrome d'épuisement. Il se caractérise par une fatigue continue, une démotivation à la tâche, un manque de concentration, des difficultés à se lever le matin, mais aussi par une grande charge d'agressivité et d'émotivité avec l'impression d'être écrasé par un trop-plein d'agents stressants. Les victimes du *burn out* sont dominées par des attentes excessives d'un surmoi trop exigeant qui ne laisse pas de répit. Leur volonté de maintenir une certaine image de soi et leur besoin de reconnaissance les incitent à entretenir des attitudes, des comportements déterminant une réponse inadaptée au stress. Parmi les candidats à cette forme d'épuisement, on retrouve les perfectionnistes et les hyperactifs, animés par le désir de plaire à tout le monde avec une incapacité à dire non, un sens de l'autocritique trop poussé, une mentalité de sauveur, une impression de ne jamais y arriver, une importance excessive accordée au regard des autres ainsi que le besoin constant de se valoriser vis-à-vis d'autrui.

Ludivine déteste l'indolence. Vivre sous pression est son mode d'expression favori. Dans une perpétuelle fuite en avant, elle redoute par-dessus tout les vacances. « L'angoisse me submerge et, très vite, je me mets à déprimer, avoue-t-elle, aussi je me débrouille toujours pour emporter des dossiers en congé. Chaque jour, ma mère, pendant des années, avant de partir travailler, me laissait une longue liste de tâches à exécuter. Je n'avais jamais le temps de souffler et je réalise aujourd'hui que je continue à m'imposer des occupations, sans m'autoriser le temps de me reposer, comme si je me sentais coupable de m'accorder un peu de plaisir. »

Les symptômes du stress

Facteur déclenchant ou aggravant des troubles, le stress a des conséquences multiples sur la santé. Au fil du temps, la sécrétion excessive d'hormones dérègle l'organisme, entraînant des affections diverses aussi bien physiologiques que psychologiques.

Conséquences physiologiques

– Fatigue : elle apparaît d'ailleurs comme le trouble majeur ;

– irritabilité, nervosité, tics, hyperactivité ;

– douleurs et tensions diffuses (maux de tête, de dos, de ventre, etc.) ;

– troubles du sommeil (insomnie, difficultés d'endormissement, réveils nocturnes, réveils précoces, cauchemars ou encore hypersomnie) ;

– troubles de l'appétit avec, selon les personnes, perte ou prise de poids, voire boulimie ou anorexie ;

– troubles digestifs : tout l'appareil digestif est directement concerné par nos émotions. Celles-ci retentissent sur la motricité de l'intestin, de l'estomac : aérophagie, digestion difficile, constipation, diarrhées, colopathie, recto-colites hémorragiques, ulcères, etc. ;

– troubles sexuels : perte de la libido ; le stress nuit au désir mais aussi à l'orgasme ; l'anxiété génère des tensions qui irritent les fibres nerveuses au niveau des organes génitaux et provoque par exemple chez l'homme une absence d'érection et chez la femme des douleurs pendant les rapports. Fragilisée, la sphère génito-urinaire est alors sujette aux infections comme mycoses, vaginismes et cystites à répétition ;

– troubles cardio-vasculaires, poussées d'hypertension artérielle, palpitations, infarctus du myocarde ;

– dérèglements hormonaux qui entraînent diabète, prise ou perte de poids ;

– troubles cutanés : psoriasis, eczéma, démangeaisons, chute de cheveux. La peau est, en effet, le lieu privilégié de l'expression émotionnelle ;

– contractures musculaires, maux de dos, du cou ;

– baisse des défenses immunitaires.

On a pu remarquer que certaines situations vécues comme des pertes symboliques, telles que ruptures, licenciements, décès, généraient une diminution des réponses d'immunité face aux virus. La faiblesse du système immunitaire expliquerait en partie la prolifération de cellules anormales, dans la genèse des cancers notamment.

Conséquences psychologiques

– Anxiété, hyperémotivité, crises d'angoisse, attaques de panique, spasmophilie ;

– troubles de la mémoire ; troubles de l'attention, de la concentration, perte ou trous de mémoire ;

– comportements de dépendance avec prise de médicaments, d'excitants, tabagisme ;

– sensibilité accrue générant un état d'alerte et de vigilance nuisible à notre équilibre ;

– propension aux pensées négatives due à un mauvais traitement des informations, ce qui aggrave le stress.

Le stress, un révélateur

Pour éviter l'installation d'un stress chronique avec son cortège de maux, il nous faut analyser objectivement comment et pourquoi une situation particulière est pour soi génératrice de tensions. Les manifestations du stress peuvent constituer une véritable opportunité pour tenter de renouer le dialogue avec soi-même, réévaluer nos attentes et redéfinir nos priorités. Le stress nous offre l'occasion de ce retour à soi, il exhorte au questionnement, à la réflexion, afin de mettre en lumière nos conflits intérieurs ; il nous permet de comprendre quel est le besoin du moment que nous sommes peut-être en train de négliger. En cela, il est un révélateur.

Nous sommes souvent gouvernés par des croyances qui ont tout pouvoir sur nous et que nous ne prenons même pas le temps de vérifier. C'est la connaissance de soi et la prise en compte de nos priorités véritables qui nous permettront de nous préserver d'un excès de stress. Nous ne pouvons répondre à toutes les sollicitations. La liberté de choix est le critère fondamental pour déterminer avec discernement ce que nous pouvons accepter et ce que nous devons refuser pour maintenir notre équilibre.

C'est en nous détachant d'une soif excessive de contrôle, de possession et de reconnaissance, que nous saurons nous dépouiller du superflu. Nous y gagnerons en sérénité et en force intérieure. En fonction de notre capacité de résistance, et de notre fragilité, il nous faudra, tout au long de notre vie, continuer à exercer une certaine vigilance afin de procéder à des réajustements, car la sérénité est une quête permanente et s'acquiert à travers une démarche quotidienne.

Nous portons en nous toutes les réponses dont nous avons besoin pour mener une vie plus harmonieuse, et notre corps saura nous signifier, à travers ses messages, si nous sommes dans une zone de confort suffisamment agréable ou non. Prendre le recul nécessaire pour réfléchir à ce qui est essentiel pour soi, remettre des comportements habituels en question, se réapproprier sa faculté de libre arbitre, planifier ses priorités et se détendre, entrer en soi-même pour découvrir ses propres ressources et trouver des solutions seront des pistes à explorer pour mieux gérer son stress.

Nombreuses sont les personnes qui, après des tâtonnements, des excès ou une phase d'épuisement, ont réussi à transformer leur stress pathologique en une véritable opportunité de croissance. Elles ont appris à consulter leur baromètre interne en écoutant leur corps et savent aujourd'hui établir une juste adéquation entre activité et détente ainsi que préserver une qualité relationnelle aussi bien dans leur environnement personnel que professionnel.

Comment mieux gérer son stress ?

Prenez un rendez-vous avec vous-même

Se soustraire à l'influence du stress nocif requiert une écoute attentive et exige une certaine persévérance pour trouver les ressources nécessaires de nature à abaisser son niveau de tension. En réalité, il importe de commencer par repérer les causes du stress, de trouver en vous l'origine du malaise, de la pensée ou de l'émotion qui affecte votre organisme. Votre action doit dans un premier temps être centrée sur l'« agent stresseur ». Quand vous l'aurez identifié, vous serez plus à même d'agir. Vous pourrez ensuite analyser vos symptômes et réagir pour éliminer ses effets sur votre organisme.

Repérez le signal d'alerte et déterminez comment le stress vous affecte. Est-ce au niveau corporel, émotionnel, comportemental ? Comment se traduit-il (crispations, douleurs, irritabilité, agressivité, etc.) ? Ce repérage permettra de savoir où focaliser votre attention.

Définissez vos priorités

Cette question est essentielle pour savoir ce qu'il vous faut lâcher. À la spirale du temps qui nous dévore, il n'y a qu'une solution, décider quelles sont vos priorités et apprendre à renoncer, ce qui nécessite que vous vous posiez un certain nombre de questions. Ayez le courage de vous débarrasser de ce qui semble être des limitations à votre évolution.

Prenez une feuille de papier, listez toutes les activités que vous pratiquez en dehors de votre travail et classez-les en quatre catégories :

1. celles que vous estimez vitales pour vous ;
2. celles qui sont importantes mais pas essentielles ;
3. celles qui ne sont pas (ou plus) vraiment importantes ;
4. celles qui occasionnent une perte de temps.

Cette petite analyse montrera que vous passez peut-être beaucoup de temps à effectuer des choses inutiles. Concentrez-vous réellement sur les activités des catégories 3 et 4 et éliminez toutes celles qui vous paraissent superflues. Réorganisez ensuite votre emploi du temps en vous concentrant sur les deux premières ; vos priorités doivent être évidentes et aussi vous procurer une bonne dose de plaisir.

Gérez mieux votre temps

Accordez-vous de vrais moments à vous, des week-ends sans contrainte, des plages horaires sans rendez-vous, sans montre, des moments de rêverie ou de flânerie. Réfléchissez par exemple à ce que vous pouvez lâcher. Derrière la phrase « Je n'ai pas le temps » se cachent souvent des croyances qui nous gouvernent à notre insu et qui constituent des écrans pour éviter d'assumer ses vrais désirs.

Développez une meilleure conscience votre corps

Dès que vous percevez un signal d'alarme du stress, prenez votre température intérieure. Concentrez-vous sur vous-même et passez en revue les différentes parties de votre corps afin de les relâcher davantage. Ayez conscience de votre posture, de vos tensions, sentez les appuis sur le sol, enracinez-vous en rectifiant votre position et prenez conscience de votre détente, segment par segment.

Faites du sport

Une activité physique régulière et appropriée développe le système parasympathique et bloque le système sympathique d'où émanent les hormones du stress.

> « Après une journée harassante, rien de tel qu'une heure de vélo et une bonne douche pour me sentir vraiment apaisé », reconnaît Jean-Pierre.
> « Le sport me vide de mes soucis car je me concentre uniquement sur ma pratique », explique Christian.

Si vous reprenez une activité sportive, songez au préalable à effectuer un bilan médical pour vérifier quel sport il vous est possible d'effectuer en toute sécurité.

Apprenez à méditer

La méditation, pour calmer le mental, est enseignée à la Clinique de réduction du stress de l'université du Massachusetts aux États-Unis. Il a été démontré [1] que le fait de méditer régulièrement augmente l'activité de la partie antérieure du cerveau gauche, laquelle est associée à la gestion des émotions positives et à une meilleure qualité des défenses immunitaires. Après deux mois d'entraînement, un test de vaccination a notamment permis de mettre en évidence une

---

1. Par Richard Davidson, professeur de psychiatrie à l'université du Wisconsin.

production d'anticorps bien supérieure chez les sujets ayant pratiqué la méditation de manière régulière par rapport à ceux qui n'avaient jamais médité.

C'est en relâchant l'emprise du mental que l'on entre véritablement dans le monde du ressenti pour développer une meilleure sensibilité à ses perceptions internes. Une bonne posture, le dos droit, les jambes décroisées afin de laisser circuler l'énergie, et une attention à son souffle apaisent le mental et favorisent la détente. Entraînez-vous à l'exercice de méditation proposé dans les Applications pratiques (p. 89).

Intégrez la respiration enseignée en sophrologie dans votre gestion du stress

La conscience de la respiration abdominale permet de relâcher les tensions et les crispations du corps. Revoyez les différents exercices décrits au chapitre « Prendre le temps de souffler » p. 57. Ce recentrage sur soi nous rend plus disponibles, plus réceptifs et totalement attentifs à notre ressenti, car toutes nos énergies sont en éveil.

Réagissez à la fatigue

La vie n'est jamais linéaire ; des soucis et une dose de stress, nous en aurons toujours. Il nous faut simplement maintenir un état de vigilance nécessaire pour les affronter, réagir, comprendre et résoudre nos difficultés ainsi qu'éviter de se laisser déborder.

Théodore Nassé, professeur en psychopathologie[1], a mis

---

1. Laboratoire du stress, de la fatigue et de la dépression, hôpital Sainte-Anne et hôpital Bichat (Paris).

au point une méthode de sophrologie pour lutter contre la fatigue qui utilise l'imagerie mentale et la respiration relaxante. Grâce à la visualisation par le patient de la position réelle de ses glandes endocrines, puis de lui-même dans un scénario précis (en général, il marche au bord de la mer ou nage en mer dans les deux cas sous un soleil éclatant), Nassé induit une stimulation des cinq sens. Par exemple :

– la vue est stimulée par les couleurs vives suggérées ;
– l'odorat, par l'évocation de l'iode ;
– le goût, par les différents parfums de la mer ;
– l'ouïe, par le bruit des vagues ;
– le toucher, par le contact avec le sable ou l'eau.

Cette stimulation sensorielle entraîne immédiatement une amélioration de l'activité cardio-vasculaire et de l'oxygénation du cerveau, une augmentation du tonus musculaire et la production d'endorphines. Selon Théodore Nassé, cette méthode, utilisée régulièrement, combat efficacement le stress et la fatigue.

Exercice nº 7

Pour une détente globale

• Assis ou allongé, inspirez puis crispez tout le visage : froncez les sourcils, le nez, serrez vos lèvres. [...]

• Sur une expiration longue par la bouche, relâchez toutes les tensions. Restez ainsi quelques instants en ressentant la détente de tout votre visage. [...]

• Recommencez, inspirez puis contractez cette fois votre visage et tous les muscles de votre corps (bras, jambes, fessiers, abdomen). [...]

• Expirez longuement par la bouche. Puis retrouvez une respiration calme et abdominale.

• Détendez tout votre corps segment par segment comme vous savez le faire à présent.

• Goûtez la détente. [...]

• Ces instants privilégiés que vous vous accorderez seront les meilleurs des antistress.

• Préparez-vous ensuite à reprendre votre mobilité. Bougez votre corps, respirez, bâillez et retrouvez tout votre tonus.

Exercice nº 8

Pour installer un rituel antistress

Nous sommes capables de diminuer la quantité d'adrénaline sécrétée lors d'un stress. L'exercice suivant vous y entraînera.

• Choisissez un endroit tranquille, asseyez-vous ou allongez-vous.

• Fixez un point précis vers le plafond pendant quelques minutes jusqu'à ce que vous ressentiez une fatigue oculaire ; vos yeux auront tendance à se fermer tout naturellement ;

• Concentrez-vous à présent sur votre respiration et, chaque fois que vous expirez par le nez, pensez au mot « calme » et prononcez-le mentalement. Faites cet exercice durant cinq bonnes minutes.

Afin que cet exercice devienne un réflexe, effectuez-le chaque jour. Ainsi, vous pourrez l'utiliser à bon escient dès que vous ressentirez une tension quelconque dans votre corps.

Exercice n° 9

Pour apaiser votre mental, entraînez-vous à la méditation

Prévoyez une bonne dizaine de minutes.

• Trouvez un endroit calme à l'abri des distractions.

• Asseyez-vous le dos droit, les yeux fermés, détendez chaque partie de votre corps. [...]

• Prenez conscience de toutes les tensions et décontractez autant que possible tous vos muscles.

• Puis portez attention à votre état émotionnel, à vos pensées. Plutôt que d'essayer de les rejeter, laissez-les passer, comme si vous regardiez un oiseau dans le ciel, sans leur accorder d'importance particulière.

• Commencez par respirer sans vous focaliser sur cet acte. Puis restez attentif tout au long de cet exercice à la respiration passive. Le processus de méditation consiste à ramener votre esprit sur votre souffle, jusqu'à ce que l'attention focalisée soit devenue une habitude. Servez-vous de la visualisation en vous concentrant sur votre respiration. Imaginer par exemple une fleur qui s'ouvre au moment de l'inspiration et se referme lors de l'expiration est un bon support. Vous pouvez aussi compter « un » en inspirant et « deux » au moment où vous expirez.

• Laissez votre respiration se régulariser sans chercher à la modifier ou à la contrôler.

• Ouvrez les yeux et restez tranquillement assis une ou deux minutes. En vous levant, vous vous sentirez détendu, rechargé, apaisé.

Exercice n° 10

Pour se recentrer et prendre conscience de son corps

• En position assise, prenez conscience de votre posture (tête, épaules, région thoracique, région lombaire et sacrum) et redressez lentement votre dos pour bien aligner le menton, le plexus et le bassin. [...]

• Effectuez lentement des mouvements de la tête, de droite à gauche et de haut en bas, puis des circonvolutions dans un sens puis dans l'autre. Après chaque mouvement, marquez une pause pour accueillir votre ressenti corporel. [...]

• Haussez ensuite doucement les épaules. Vous ferez trois séries de haussements dans la pleine conscience du mouvement que vous exécutez.

• Maintenant, joignez les mains en entrelaçant vos doigts, puis, en inspirant lentement et totalement, étirez vos bras au-dessus de votre tête, paumes des mains vers le haut. Gardez l'air quelques instants dans vos poumons, puis expirez rapidement en laissant tomber vos bras le long de votre corps.

• Exécutez l'exercice trois fois et marquez une pause, mains sur les cuisses après chaque étirement. Prenez bien conscience de votre corps agréablement détendu. [...]

Mieux dormir

Un environnement stressant, une contrariété, un chagrin, des soucis du quotidien ou encore un surcroît de responsabilités sont des facteurs susceptibles d'altérer la qualité de notre sommeil. Fatigue, crampes, cernes, muscles endoloris sont autant de conséquences de nos nuits en pointillés où nous nous réveillons épuisés avec la pénible sensation de ne pas avoir suffisamment récupéré. Dormir est un besoin vital et ces désagréments finissent par retentir sur l'ensemble de notre équilibre.

La physiologie du sommeil

Si, dès le début du siècle, Sigmund Freud édifiait la « science des rêves » comme la voie royale de la connaissance de l'inconscient, ce n'est que depuis une vingtaine d'années que la physiologie du sommeil est réellement connue. La zone du sommeil a été repérée dans la partie supérieure de la moelle épinière. Elle comprend trois centres particuliers, chacun d'entre eux se composant d'un groupe de cellules nerveuses spécialisées. Le premier centre régit le sommeil lent, le second commande le sommeil rapide et le troisième dirige le réveil. Ces centres sont « programmés » pour émettre quotidiennement, à un moment donné, des signaux qui leur sont propres et qui gouvernent aussi bien le sommeil lent et le sommeil rapide que le réveil. Dans cet état passif durant lequel corps et esprit sont déconnectés du monde extérieur, plusieurs fonctions physiques et mentales continuent à œuvrer.

Sur le plan physiologique, le sommeil se caractérise par une modification de la conscience. Celle-ci, pour ralentir son activité, se ferme au monde extérieur ; l'activité cérébrale diminue et le cerveau envoie un certain nombre de messages (tête et nuque lourdes, bâillements, etc.). Le relâchement de l'activité musculaire et le ralentissement des systèmes cardio-vasculaire, respiratoire et glandulaire installent notre corps en mode « récupération » pour le recharger.

Les cycles du sommeil

Notre équilibre repose sur les différents stades composant un cycle de sommeil. Chacun de ces cycles dure environ 90 minutes et se traduit par une phase de sommeil lent et une phase de sommeil paradoxal. Au cours d'une nuit, nous alternons d'un stade à l'autre, passant graduellement d'un sommeil léger à un sommeil profond, suivi d'un premier épisode de sommeil paradoxal, ces différents stades s'enchaînant avec une régularité de métronome.

Les cinq stades du sommeil

Le premier stade équivaut à l'endormissement. Il agit suivant un processus graduel. D'abord très léger, le sommeil devient plus profond, les paupières se ferment, les pupilles se rétrécissent, la respiration ralentit, le rythme des battements du cœur s'atténue et la température du corps s'abaisse.
Le deuxième stade correspond au sommeil lent et léger. Ce passage de l'éveil à la somnolence et au sommeil conduit à une sorte d'état hypnagogique. L'activité du cerveau diminue, le corps entre dans un état de relaxation, il n'est pas encore complètement immobile et peut être agité de secousses musculaires. Cette étape dure environ vingt minutes.
Le troisième stade représente la phase du sommeil lent et profond. La respiration ralentit, la température du corps commence à s'abaisser, le corps s'immobilise de plus en plus. Sa durée est de trente minutes.
Le quatrième stade est celui du sommeil très profond. Les fonctions vitales diminuent, les battements cardiaques et le pouls fonctionnent au ralenti. Ce stade de sommeil profond est particulièrement précieux pour régénérer notre système nerveux.
Le cinquième stade représente le sommeil paradoxal. Le cerveau continue à fonctionner bien que le corps soit inerte (il peut néanmoins être agité de soubresauts). Ce temps est d'environ quinze minutes lors du premier cycle et atteint trente minutes en fin de nuit. La température corporelle remonte et l'organisme sécrète une hormone appelée « cortisol », sorte de dopant naturel. Le sommeil paradoxal est la phase où surviennent les rêves, il est essentiel à notre équilibre physique et psychique. Des expériences en laboratoire tentées sur des rats qui en sont privés ont démontré que ceux-ci mouraient d'épuisement et de démence.

La phase intermédiaire sépare deux cycles. Un bruit, un soupir, une lumière sont susceptibles de ponctuer la fin de cette étape et de nous ramener dans un état proche de l'éveil. Sans incident particulier, nous repartons alors pour un nouveau cycle.

Où situer les rêves ?

C'est, théoriquement, au cours de la phase paradoxale qu'apparaissent les rêves les plus vivants, les plus élaborés, y compris les cauchemars, bien que certains chercheurs américains, dont David Foulkes, aient démontré que l'on pouvait obtenir des rêves à tout moment, à partir de n'importe quel stade. C'est donc dans la phase de sommeil paradoxal que l'on trouve l'activité onirique la plus importante. La séquence se répète quatre ou cinq fois par nuit, le sommeil paradoxal réapparaissant environ toutes les 90 minutes. Les cauchemars s'y produisent le plus souvent le matin, et c'est la raison pour laquelle, au réveil, nous en avons parfois un souvenir aussi précis.

Quelle est la durée idéale de sommeil ?

Nous fonctionnons tous avec des rythmes biologiques personnels, professionnels, culturels dépendant de notre hérédité, de notre âge et de nos conditions de vie. Aussi, en matière de temps ou de durée de sommeil, n'y a-t-il pas de normalité. Le sommeil de chacun est unique, il dépend avant tout du besoin que nous en manifestons et, dans ce domaine, les exigences divergent.

Jean-Claude prend rendez-vous sous la pression de son épouse car il ne dort que cinq heures par nuit. Pourtant, il ne semble manifester aucun trouble particulier ni signes de fatigue : « Mon père était comme moi, il ne dormait pas plus de cinq heures, même en vacances », dit-il.

En effet, pour Jean-Claude, cinq à six heures sont suffisantes pour récupérer car, contrairement aux insomniaques, il est actif et en forme le lendemain.

Les « **petits dormeurs** » représentent moins de 10 % de la population. Parmi eux, l'un des plus illustres était Napoléon. Se couchant vers vingt et une heures, il se réveillait vers minuit pour travailler jusqu'à trois heures du matin et se rendormait ensuite jusqu'à cinq heures. « Il maîtrisait son sommeil comme il maîtrisait ses troupes », s'accommode la légende.

Les « **gros dormeurs** », eux, ont besoin d'un minimum de neuf heures pour se sentir bien. Parmi eux, citons Einstein qui prétendait œuvrer à ses grandes découvertes pendant qu'il dormait. Pour Marcel Proust, le sommeil et les rêves étaient les moteurs de sa créativité.

Nous dormons, pour la plupart d'entre nous, entre six heures et demie et huit heures par nuit. Si vous êtes un petit dormeur, comme Jean-Claude, cinq à six heures vous seront suffisantes. À l'inverse, si vous êtes un gros dormeur, sans doute avez-vous besoin d'un minimum de neuf heures pour être en forme. Ce qui importe, c'est de dormir d'un sommeil réparateur.

L'insomnie

Elle se définit comme la plainte d'un mauvais sommeil. Nous traversons tous des périodes occasionnelles d'insomnie. Une récente enquête de la Sofres révèle que 75 % d'entre nous souffrent de troubles du sommeil de manière épisodique et près de 20 % de façon chronique. Certains connaissent des phases transitoires d'insomnie à la suite d'un événement stressant, comme un deuil, un licenciement, un examen à passer, etc. Ceux que l'on nomme les insomniaques chroniques comptent plus de trois nuits d'insomnie par semaine depuis plus de trois semaines et se plaignent d'une grande fatigue durant la journée.

Les insomnies sévères avec réveils multiples ou prématurés, sans cause apparente, relèvent souvent d'une problématique à élucider. Dans la moitié des cas, elles trouvent leur origine dans l'anxiété, voire la dépression. Il est vrai que la qualité de notre sommeil est intimement liée à notre état émotionnel. Les autres cas regroupent souvent les insomnies organiques liées à une maladie ou encore à d'autres facteurs que nous analyserons plus loin (apnée du sommeil, syndrome des jambes sans repos, vieillissement, etc.).

L'insomnie totale

Très rare et épisodique, on l'appelle la nuit blanche. Nous l'avons tous plus ou moins éprouvée au moins une fois dans notre vie (veillée tardive, fêtes, etc.), sans pour autant être insomniaques. Ainsi, Marion dit « ne pas fermer l'œil de la nuit ». L'enregistrement du sommeil réalisé en clinique du sommeil est assez révélateur à ce titre. On constate en effet que les personnes qui se plaignent de ne pas dormir s'assoupissent néanmoins durant quelques heures.

L'insomnie partielle

Elle est de loin la plus courante. Il s'agit du sommeil fragmenté, réduit, avec des réveils fréquents. L'insomnie du milieu de la nuit, qui contient une succession de phases de sommeil et d'éveil provoquant l'impression de ne pas avoir dormi, risque à la longue d'altérer la qualité du repos. Le réveil est difficile, la journée du lendemain s'accompagne de somnolence et de troubles de l'humeur.

L'insomnie d'endormissement

Elle s'accompagne de sensations de tension diffuses, de mouvements divers ; l'activité psychique est souvent dense avec ruminations, idées et souvenirs obsédants. La crainte de ne pas s'endormir est de nature à accentuer l'anxiété, car plus on cherche à dormir, moins on y parvient. C'est un cercle vicieux qui mène à l'insomnie chronique. Qu'elle fasse l'objet d'un réveil prématuré ou qu'elle soit tardive, l'insomnie qui perdure est un trouble à prendre au sérieux car il est souvent annonciateur d'une dépression ; aussi importe-t-il d'y accorder un intérêt tout particulier.

Les causes de l'insomnie

Le sommeil est sensible à tout changement et l'insomnie est, la plupart du temps, l'un des premiers symptômes à se manifester. Longtemps, on a pensé qu'elle était liée à des causes exclusivement psychologiques, mais son origine est plus complexe et des causes physiques risquent de les provoquer, voire de les aggraver. Souvent, nous occultons les signaux du sommeil que le corps nous envoie et nous stimulons plutôt notre système d'éveil. C'est le cas de Marie qui, bien qu'épuisée, accepte de sortir dîner chez des amis, ou de Paul qui continue, malgré la fatigue et les bâillements, à pianoter sur son ordinateur. En fonctionnant à contretemps, en ignorant les messages de l'organisme, nous risquons de rencontrer des difficultés d'endormissement.

Des causes pathologiques

Certaines maladies entraînent des effets secondaires favorisant les insomnies.

• Les troubles du rythme cardiaque, qui s'accompagnent souvent de tachycardie nocturne et provoquent le réveil, ou encore les maladies respiratoires comme l'asthme, la bronchite ou l'apnée du sommeil. Le syndrome d'apnée du sommeil touche en général les hommes de plus de 50 ans, mais les femmes ménopausées consultent de plus en plus pour cette affection. Cette pathologie se manifeste par des interruptions respiratoires intermittentes qui vont de 30 à 50 par nuit. Ces apnées entraînent une diminution de la quantité d'oxygène disponible dans le sang, ce qui provoque de nombreux micro-réveils et un ronflement quasi ininterrompu. Non soignées, les apnées entraînent des pathologies coronariennes, de l'hypertension, des accidents vasculaires cérébraux, notamment.

• Les pathologies dites « endocriniennes », comme le diabète qui provoque des hypoglycémies durant la nuit, ou encore des dérèglements de la thyroïde avec des épisodes de sudation nocturne nuisent également à la qualité du sommeil.

• Le syndrome des jambes sans repos se caractérise la nuit par des sensations désagréables ressenties dans les membres inférieurs, sensations souvent difficiles à décrire qui se manifestant par des picotements, des brûlures, de la transpiration, toujours accompagnés d'un besoin de bouger. Le mécanisme de la maladie n'est pas vraiment connu. Il semblerait que l'activité des cellules du système nerveux (neurones) soit insuffisante. De récentes études ont mis en évidence une carence en fer. Le syndrome d'impatience est également fréquent chez les personnes atteintes d'insuffisance rénale ou de diabète. Les mouvements nocturnes sont responsables d'une désorganisation et d'une fragmentation du sommeil, qui est alors de mauvaise qualité, souvent insuffisant, et qui entraîne une somnolence au cours de la journée.

• La narcolepsie se traduit par des accès de sommeil incoercibles qui surviennent de manière inopinée, tandis que l'on est en pleine activité. Elle peut s'accompagner d'une chute brutale du tonus musculaire déclenchée par une émotion (colère, fou rire, etc.) et d'hallucinations quand la vigilance baisse, en pleine journée ou au coucher. Une sieste ou quelques techniques de relaxation suffisent parfois ou souvent à restaurer la vigilance, mais la somnolence peut revenir au bout de quelques heures.

Des causes environnementales

Ces causes peuvent être d'origines diverses. Ainsi, les nuisances sonores, la chaleur excessive ou le froid, une literie de qualité médiocre ou encore une mauvaise hygiène de vie sont de nature à troubler notre sommeil. Une lumière trop vive, que ce soit l'éclairage urbain ou la lumière du jour, empêche les uns de dormir (certains prétendent même percevoir la lumière dans leur sommeil) ; pour d'autres, l'obscurité complète est angoissante, au point de les maintenir éveillés.

Des facteurs comme l'alcool, la nicotine ou la caféine interfèrent dans la qualité du sommeil. Les sondages et les études en laboratoire confirment l'association existant entre tabagisme et difficulté à dormir.

Des causes psychologiques

Le diagnostic le plus fréquent est celui des insomnies liées à une cause psychologique (50 % à 80 % selon les études). L'insomnie peut être induite par un état émotionnel. Stress, anxiété, soucis en sont les causes les plus communes, et chacun y réagit à sa manière. Certains, mieux armés que d'autres, parviennent à faire abstraction de leurs préoccupations à l'heure du coucher. Tandis que d'autres, plus anxieux, éprouvent quelques difficultés à se détendre à cause d'une hypersensibilité du système nerveux.

À l'origine des insomnies, on trouve souvent un élément déclencheur lié à des difficultés professionnelles ou familiales. Des insomnies plus sévères sont inhérentes à un décès, une séparation, une rupture, un deuil, qui génèrent presque inévitablement une altération du sommeil.

La dépression s'accompagne dans la majorité des cas de troubles du sommeil. Ceux-ci alternent quelquefois avec des phases d'hypersomnie. En effet, pour celui qui tente de fuir une réalité trop pénible, le sommeil constitue un véritable refuge. Dans les cas de dépression, les troubles du sommeil constituent l'un des signes prépondérants, de même que l'humeur triste, le ralentissement ou la perte du désir. L'insomnie dépressive apparaît de façon très précoce avant d'autres symptômes.

Les phobies engendrent souvent des difficultés d'endormissement, dues en général à la peur du noir, de l'isolement ou de mourir pendant le sommeil.

Les TOC (troubles obsessionnels compulsifs) donnent souvent lieu à de véritables rituels du coucher qui perturbent l'endormissement.

Rita, avant de s'endormir, vérifie cinq à six fois si les portes de son appartement sont bien verrouillées, les robinets fermés, etc. Épuisée par tous ses rituels, elle ne parvient pas à se coucher ni à dormir.

Les problèmes de sommeil sont également susceptibles d'être associés à un symptôme plus profond, comme un trouble d'anxiété généralisé :

Claude est d'un naturel angoissé. « Il suffit qu'un petit problème survienne dans la journée, il revient en boucle la nuit et perturbe mon repos car je le ressasse en permanence », confie-t-il.

L'anxiété est un stimulant de l'éveil, elle entretient l'insomnie.

Pour Clara, le fait de dormir est une perte de temps. Elle vaque constamment à de multiples activités, retardant sans cesse l'heure du coucher. « Je déteste m'endormir, c'est comme si je perdais le contrôle », dit-elle.

En réalité, sa peur de lâcher prise renvoie à une peur inconsciente de la mort qui la maintient en état d'alerte.

Des causes multifactorielles

L'insomnie peut aussi correspondre au symptôme de plusieurs affections :

– certaines femmes, influencées par les cycles hormonaux, voient apparaître quelques petits troubles du sommeil au moment de l'ovulation ;

– la ménopause est elle aussi une période de haute vulnérabilité concernant le sommeil, en raison des perturbations hormonales qu'elle induit. Réveils nocturnes, angoisses, bouffées de chaleur, sueurs nocturnes ne sont pas propices à un véritable repos ;

– certains médicaments, comme les corticoïdes, les traitements contre l'asthme, les coupe-faim à base d'amphétamines ou la vitamine C, entraînent des insomnies ;

– le vieillissement génère souvent des plaintes concernant l'insomnie. Avec l'âge, le sommeil se fragilise. Il est entrecoupé d'éveils pouvant durer plus d'une heure par nuit. On note une diminution du sommeil profond et une augmentation correspondante du sommeil léger, de sorte que la personne âgée est facilement réveillée par un bruit, si faible soit-il ;

– l'insomnie due au dérèglement de l'horloge biologique, qui concerne les voyageurs victimes du décalage horaire. Ce syndrome, connu sous le nom de *jet lag*, est lié au changement brutal de plusieurs fuseaux horaires. Il perturbe l'alternance veille-sommeil, la personne gardant durant plusieurs jours ses automatismes antérieurs. L'horloge biologique n'est plus en phase avec ses rythmes internes et les horaires d'activité veille-sommeil sont décalés. Ces troubles dépendent du nombre de fuseaux horaires traversés et un décalage de plus de quatre heures cause quelques désagréments, comme une baisse des performances et une sensation de malaise persistant durant plusieurs jours. Ce dérèglement atteint aussi les personnes travaillant tantôt de jour tantôt de nuit, qui voient leur rythme totalement perturbé.

Véronique, infirmière, travaille une semaine sur deux de nuit et se plaint de sévères troubles du sommeil lorsqu'elle revient au rythme normal du coucher. « Je n'arrive pas à dormir sans somnifères, mais maintenant ils n'ont plus aucun effet », dit-elle, souhaitant, grâce aux techniques de sophrologie, pouvoir retrouver un sommeil naturel.

Parce qu'il stimule les systèmes d'éveil, le travail de nuit impose d'ignorer les signaux du sommeil. À la longue, il peut être responsable de sérieuses difficultés d'endormissement.

L'insomnie et son cortège de désagréments

Il arrive que les insomnies persistent plusieurs semaines (insomnie à court terme), voire plusieurs mois (insomnie à long terme). Elles sont susceptibles d'évoluer en insomnies chroniques qu'il importe de soigner rapidement. L'insomnie est considérée comme chronique lorsqu'elle s'étend au-delà de trois mois et survient plus de trois fois par semaine. Elle touche près de 20 % de la population française.

Le manque de sommeil altère notre santé physique et mentale, et nous place dans un état de moindre résistance. Ce déficit entraîne inévitablement à long terme une diminution des défenses immunitaires ainsi qu'une plus grande vulnérabilité au stress et à certaines maladies. D'autres inconvénients sont susceptibles d'apparaître :

– troubles de la mémoire avec diminution des capacités de concentration et de compréhension ;

– baisse de vigilance, de rendement et d'efficacité dès le milieu de l'après-midi ;

– mémoire à court terme altérée, diminution de la perspicacité, erreurs de compréhension ;

– sensation de fatigue générale avec une impression d'épuisement ;

– irritabilité, états dépressifs, perte d'intérêt pour son entourage et les événements ;

– mauvaise digestion ;

– accélération du processus de vieillissement : le teint se brouille, le visage se flétrit prématurément.

Quelques conseils pratiques pour passer une bonne nuit

Optez pour une meilleure diététique

Bannissez de votre alimentation tous les excitants comme le thé, l'alcool, le tabac, les sodas, la vitamine C dès le début de l'après-midi. Les insomniaques ont souvent une alimentation déséquilibrée et inadaptée à leurs besoins. Un certain nombre de règles diététiques permettent d'assurer un meilleur sommeil. Veillez à un bon équilibre alimentaire : ni trop, ni trop peu. Nous avons tendance à manger de façon excessive, surtout au dîner. Il importe, principalement le soir, de diminuer les quantités de viande et de sucre, et de réduire les quantités de sel. Un repas trop copieux avec des mets trop indigestes ou trop épicés, ou encore un repas trop arrosé, risque de se traduire par un sommeil agité car l'organisme a besoin de temps pour assimiler les graisses. Couchez-vous une fois la digestion terminée, c'est-à-dire deux heures après avoir dîné. Cela permet à l'organisme de retrouver une température interne favorable à l'endormissement. Un repas trop frugal peut, lui aussi, provoquer des réveils précoces.

Aérez votre chambre

Maintenez-y une température n'excédant pas 18 °C, afin de favoriser l'équilibre des échanges de chaleur entre votre corps et l'air ambiant.

Respectez vos rythmes biologiques

Ne ratez pas votre « train du sommeil ». Couchez-vous au moment où vous sentez la fatigue vous gagner. Apprenez à connaître et à respecter votre horloge interne, sans avoir peur de la différence de rythme avec votre conjoint (par exemple, lorsque l'un d'entre vous se couche plus tôt que l'autre). Identifiez et respectez bien les messages du corps qui annoncent qu'il est temps de vous coucher : bâillements, tête et paupières lourdes, impression de « piquer du nez », picotements dans les yeux, engourdissement du corps, etc.

Isolez-vous du bruit

Toute nuisance sonore influence la qualité de notre sommeil et provoque des perturbations majeures sur les plans neuromusculaire, circulatoire et hormonal. Le bruit nocturne, notamment, est particulièrement nocif. Veillez à vous protéger des nuisances en insonorisant votre chambre : double vitrage aux fenêtres, rideaux, moquette, tapis plus épais, capitonnage des murs, autant d'astuces pour absorber les sons.

Avant de dormir, endormez vos pensées

Évitez toute hyperstimulation mentale (programmes télévisés perturbants, jeux vidéo), toute discussion houleuse ainsi que toute activité incompatible avec le sommeil comme, par exemple, pratiquer un sport tonique ou intense ou vous livrer à une tâche stressante après 19 heures. Évitez télé et ordinateur dans la chambre. Ménagez-vous un temps de détente avant de vous coucher, une sorte de sas de décompression. Planifiez une période de calme avant d'éteindre les lumières (lecture apaisante, relaxation, bain, etc.). La lecture, par la relaxation qu'elle entraîne, est une première étape vers l'endormissement, à condition que le texte lu ne réclame pas d'efforts intellectuels trop soutenus ou ne vous maintienne éveillé trop longuement.

Préparez votre endormissement avec un rituel

Il peut consister en une succession de tâches à exécuter de manière plus ou moins consciente qui rassurent et vous conditionnent, comme écouter une musique douce, boire une tisane, lire un magazine, etc. Ce rituel signale à votre mental qu'il est temps de « baisser le rideau ». Ainsi conditionné, l'inconscient enregistre qu'à ce moment précis, il est l'heure de dormir.

Gérez vos insomnies avec la sophrologie

Dans la lutte contre l'insomnie, les techniques de sophrologie sont des alliées incontestables qui conduisent au relâchement des tensions corporelles et mentales. Elles vous permettront de retrouver une respiration calme, un corps détendu et un moral apaisé.

Une respiration calme

La respiration joue un rôle très important dans le processus d'endormissement (voir les exercices n°s 11 et 13 proposés en fin de chapitre).

Un corps détendu

Il s'agira d'instaurer des automatismes visant à obtenir une détente musculaire profonde tout en contrôlant les pensées. Le training autogène de Schultz constitue un excellent entraînement pour gérer les insomnies. La capacité à se relaxer s'acquiert ainsi en quelques semaines grâce à un entraînement quotidien pour retrouver facilement le calme intérieur. L'intérêt de la méthode est précisément d'obtenir un niveau de relâchement musculaire et mental de façon totalement autonome, sans aucune aide extérieure (voir p. 175 la description du training autogène).

Un mental apaisé

L'intensité de l'activité cérébrale se manifeste par la fréquence d'un certain nombre d'ondes mesurables grâce à un électroencéphalographe, appareil traduisant le rythme des pulsations du cerveau par des tracés ondulés. Cinq formes d'ondes sont produites par le cerveau :

– les ondes delta : celles du sommeil profond ;

– les ondes thêta : celles de la relaxation profonde atteinte par les méditants expérimentés ;

– les ondes alpha : celles de la relaxation légère et de l'éveil calme ;

– les ondes bêta : stimulées lors des activités courantes ;

– les ondes gamma : celles qui témoignent d'une très grande activité cérébrale.

Les ondes cérébrales varient selon l'activité dans laquelle vous êtes engagé. Si le système nerveux est maintenu en éveil, les ondes cérébrales restent dans la zone « bêta », dans laquelle il est impossible de trouver le sommeil.

La sophrologie permet, grâce à la relaxation et à l'apaisement du mental, d'atteindre un niveau appelé « niveau sophro-liminal », dans lequel sont émises les ondes alpha, propices à l'endormissement. Dans ce niveau, entre veille et sommeil, vous pourrez pratiquer avec une efficacité accrue les exercices conseillés à la fin de ce chapitre pour retrouver un sommeil réparateur.

Applications pratiques

Les trois premiers exercices sont à faire à la suite et dans l'ordre afin d'améliorer votre endormissement.

Exercice n° 11

Laissez-vous bercer par votre respiration

• Allongé dans votre lit, fermez les yeux, choisissez la position la plus confortable possible et ressentez bien tous les appuis de votre corps sur le matelas. [...]

• Commencez par relâcher toutes les parties de votre corps en veillant tout particulièrement à ce que votre front, vos yeux et vos mâchoires soient parfaitement détendus. [...]

• Une fois les dernières tensions effacées, poussez un profond soupir et installez-vous dans une respiration ventrale, calme et paisible. L'air entre et sort sans effort, monte à l'inspiration jusqu'au niveau de votre tête et descend à l'expiration jusqu'au bout de vos pieds.

• Laissez-vous ainsi porter par le bercement très doux de votre respiration.

Exercice n° 12

Chassez vos pensées parasites

• Juste avant de vous endormir, visualisez les préoccupations qui peuvent encore encombrer votre esprit et, symboliquement, imaginez que vous les mettez dans un grand sac.

• Remplissez-le de tous ces tracas et fermez-le.

• Imaginez à présent dans votre esprit un voilier au bord de l'eau, devant vous à l'arrêt.

• Placez-y votre sac avec son contenu et observez ensuite ce voilier s'éloigner doucement jusqu'à devenir un tout petit point au loin sur l'horizon.

• Fixez toute votre attention sur le mouvement de l'eau et sur son reflet scintillant. [...]

Cet exercice à l'effet hypnagogique est tout à fait bénéfique à l'endormissement.

Exercice nº 13

Emplissez votre corps et votre mental de calme et de paix

• Choisissez une phrase qui vous apaise particulièrement (comme : « je suis calme », ou « j'ai la paix », ou encore « je me sens en confiance »...).

• Inspirez en formulant mentalement la phrase choisie et, sur l'expiration très douce et lente, sentez-la se répandre dans tout votre corps.

• Continuez ainsi jusqu'à ce que vous ressentiez un engourdissement de tout votre corps.

• Laissez-vous entraîner dans le doux courant de la détente, toujours bercé par le rythme apaisant de votre respiration. [...]

Exercice nº 14

La pause éclair, pour mieux récupérer dans la journée

• Fermez les yeux pendant quelques secondes : la fermeture des yeux est à elle seule bénéfique à la détente, car le cerveau ainsi mis en repos se régénère.

• Inspirez en comptant 4 temps, expirez lentement en comptant 8 temps.

• Répétez cet exercice plusieurs fois, en vous concentrant totalement sur votre respiration.

• Réitérez souvent cet exercice. Persévérez : c'est à force d'entraînement et d'habitude que vous réussirez à vraiment vous reposer.

Exercice n° 15

La sieste flash

Elle dure cinq minutes.

• Isolez-vous par exemple après le déjeuner et débranchez votre téléphone.

• Trouvez de quelle manière vous pouvez au bureau vous installer le plus confortablement possible durant quelques minutes sans être dérangé.

• Imaginez un paysage qui vous procure une sensation de calme (mer, montagne, campagne).

• Laissez-vous bercer par cette image sereine et écoutez votre respiration devenir de plus en plus tranquille.

Voir aussi le CD « Mieux dormir avec la sophrologie » sur le site www.mfeditions.com.

Maîtriser ses peurs

Chacun connaît ce trouble qu'est la peur, qui agite en nous mille et un doutes, mille et une craintes : peur de ne pas pouvoir faire face, peur des autres, peur de l'avenir, peur de ne pas être « à la hauteur », peur de se tromper, d'échouer, d'être abandonné, d'abandonner ou de s'abandonner, de vieillir, de mourir, peur du noir, et toutes les autres craintes qui nous empêchent de vivre paisiblement.

Si la peur a pour fonction de nous avertir d'un danger et de nous doper d'une poussée d'adrénaline suffisante pour nous faire réagir, dans d'autres situations, elle est capable de nous paralyser, de nous museler, de nous oppresser, voire de nous torturer. Elle devient alors la chape de plomb qui nous étouffe ; elle est même susceptible, dans certaines circonstances, de se muer en terreur ou de déclencher de véritables phobies. La peur de l'inconnu provoque parfois un tel vertige que nous nous croyons incapables d'avancer. Si la peur a sa raison d'être, elle ne doit pas pour autant devenir trop invalidante.

Le cerveau et la peur

Le Dr Antonio Damasio [1], neurochirurgien, a mis en évidence l'existence de deux cerveaux. D'un côté, le cerveau cognitif, rationnel, tourné vers le monde extérieur ; de l'autre, un cerveau émotionnel, inconscient, totalement connecté au corps. Pour Damasio, notre vie psychique s'articule autour d'un équilibre à trouver entre le fonctionnement de ces deux entités. L'amygdale, au cœur du cerveau émotionnel, semble être à l'origine de toutes les réactions qui maintiennent notre survie, notamment lors d'un danger. Située dans la partie frontale du lobe temporal, elle regroupe plusieurs circuits d'alarme et joue un rôle essentiel dans le décodage de nos émotions, principalement dans le mécanisme de la peur. L'amygdale est également en étroite connexion avec l'hippocampe où sont stockés les souvenirs. Ainsi, une peur peut être déclenchée par la seule réminiscence d'une frayeur passée ou par tout contexte associé à un événement vécu comme traumatisant.

> « Chaque fois que j'entends le mot "agression", mon corps se met à trembler et je panique complètement », dit Clara, qui a été attaquée en pleine rue.

La seule évocation d'un souvenir désagréable est susceptible de revenir à la surface de façon très nette, même de nombreuses années plus tard. Le corps lui aussi peut se figer et garder l'empreinte de la peur. Les événements douloureux

1. Chef du département de neurologie au Collège de médecine de l'université de l'Iowa, États-Unis.

laissent des traces dans notre cerveau et les cicatrices ne s'effacent pas facilement.

Le cortex frontal, ou cerveau cognitif, est impliqué dans le mécanisme d'extinction des peurs conditionnées et ses connexions permettent d'exercer un contrôle conscient sur l'anxiété.

Ainsi, notre cerveau utilise deux forces, l'une reliée à la volonté issue du néocortex ou cerveau conscient, l'autre à l'imagination, issue du cerveau profond ou inconscient. Ces découvertes confirment le bienfait des méthodes de visualisation, de suggestion et de pensée utilisées en sophrologie pour calmer les peurs. Le mental peut ainsi apaiser ou créer l'anxiété en fonction du scénario imaginé. La suggestion, l'imagination, la relaxation et la visualisation assurent la régulation entre nos deux cerveaux. Dans sa méthode, Émile Coué avait déjà, en 1910, appliqué avec succès ce principe de la suggestion et de l'imagination pour soigner ses malades. Il était convaincu que, dans le cadre de l'autosuggestion consciente, chacun pouvait contribuer à vivre en meilleure intelligence avec soi-même pour créer les conditions d'harmonie les plus favorables. David Servan-Schreiber[1] argumente lui aussi que l'état de bien-être auquel nous aspirons tous s'établit grâce à la coopération entre le cerveau émotionnel, qui donne l'énergie et la direction, et le cerveau cognitif, qui organise l'exécution. Cet « art de vivre » est enseigné dans la pratique en sophrologie.

1. *Guérir*, Robert Laffont, coll. « Réponses », 2003.

Les origines de la peur

La peur est depuis l'aube des temps au cœur de l'homme. Les coutumes et les traditions sont emplies de rites visant à maîtriser l'angoisse. Danses sacrées, sacrifices, recours aux devins, aux sorciers, aux exorcistes et à leurs pratiques magiques attestent l'intensité des peurs primitives. Pour la plupart des psychanalystes, les origines de la peur seraient liées au processus d'attachement et de séparation, donc aux premiers liens.

L'enfant dispose de deux systèmes de régulation :

– un système interne, représenté par la vie mentale ;

– un système externe, représenté par la mère. Pendant ses premiers mois, il vit en totale fusion avec elle. Son monde est bercé de chaleur, d'odeurs, de sons et de caresses qui le rassurent. Assurant le lien entre le monde intérieur et le monde extérieur, sa mère lui procure l'environnement et la sécurité nécessaires à l'acquisition d'une autonomie progressive et d'un sentiment de confiance en lui.

Le bébé est dominé par ses pulsions, par un sentiment de toute-puissance : il veut tout... tout de suite (lait, présence maternelle). L'absence, l'attente sont pour lui des moments de frustration intense. Afin de supporter le manque, il disposera de tout un registre de représentations mentales, fantasmatiques, pour imaginer et remplacer sa mère lorsqu'elle est absente. C'est précisément grâce à cette capacité à fantasmer qu'il appréhendera ou non le manque et calmera ses tensions. L'« objet transitionnel » – doudou, ours en peluche, tétine – assure la transition entre la mère et le monde, c'est avec lui qu'il apprendra à conjurer son angoisse de séparation.

S'il est suffisamment accompagné pendant cette étape, il pourra s'éloigner de ses proches afin de développer sa capacité d'exploration et d'accéder à son autonomie, condition nécessaire à tout développement harmonieux. Dans le cas contraire, à défaut de stimuli réconfortants (carences ou traumatismes, mère absente, distante, dépressive ou, au contraire, trop étouffante, empêchant toute indépendance), il n'osera pas s'aventurer dans le monde et risquera de développer angoisses, peurs et inhibitions face à la vie. Un surcroît de protection, empêche d'ailleurs d'acquérir ses propres mécanismes de défense. Pour grandir, un enfant a besoin de se confronter à la peur, aussi a-t-elle sa raison d'être tant dans les contes que dans les jeux. Elle possède une fonction d'éveil et de renforcement de l'identité. L'enfant lui-même en grandissant aime à éprouver de petites frayeurs qui s'avèrent utiles : c'est en y faisant face qu'il apprend à les surmonter et qu'il installe les bases de son assurance.

Un manque de sécurité intérieure se traduit, à l'âge adulte, par une plus grande vulnérabilité, un état d'anxiété face à certaines situations. Tout ce qui est nouveau, inconnu, devient source de stress et de crainte. Avec notre entourage, nos proches, nous rechercherons une relation fusionnelle, en étant dans une quête insatiable d'amour, constamment en demande de cette sécurité manquante et ressentant toujours la peur en filigrane. Une telle attitude risque d'emprisonner l'autre dans une relation aliénante.

Charlotte, 30 ans, célibataire, a vécu depuis dix ans avec une variété de partenaires qui l'ont tous quittée. Son dernier amour, après six mois de vie commune, a, lui aussi, rompu. Désespérée, elle consulte pour essayer d'y voir clair. À l'âge de six mois, ses parents ont divorcé et ont décidé de la confier à sa grand-mère maternelle qui habitait à l'étranger. Séparée de ses deux parents, elle passe son temps entre les trois foyers avec, en permanence, la peur au ventre au moment de les quitter : « Je me souviens encore, comme si c'était hier, de ces adieux déchirants », dit-elle, les larmes aux yeux. Devenue adulte, redoutant de perdre à nouveau ceux qu'elle aime, elle s'accroche désespérément à chacun de ses partenaires, au point de les harceler et de quémander de constantes preuves d'amour ou marques d'affection de leur part. Plus elle tente de les enfermer dans ses exigences, plus ils s'éloignent d'elle. Après quelque temps, ils la quittent, se sentant totalement étouffés. En fait, ce que Charlotte redoute le plus finit toujours par arriver. Il lui a fallu comprendre que son mode de fonctionnement, activé par son cerveau émotionnel, était lié à son vécu de petite fille et à son manque de sécurité de base.

Les réactions face au danger

« Je roulais tranquillement quand soudain une voiture s'est dirigée vers moi à vive allure. J'ai donné un coup de volant, freiné jusqu'à ce que mon véhicule s'arrête sur le bas-côté. Sur le coup je n'ai pas eu peur, mais en sortant mes jambes tremblaient, j'étais vidé, incapable de faire un pas et de prononcer un mot. Depuis, il m'est impossible reprendre le volant », raconte André.

Face à une telle situation, le cerveau émotionnel, qui a décelé la menace, se concentre sur ce qui semble essentiel à sa survie et focalise toute l'attention jusqu'à ce que le danger soit écarté. En situation d'urgence, sous l'effet d'un stress important, le cerveau cognitif perd toute sa capacité à nous guider, et ce sont nos réflexes instinctifs qui prennent les rênes. En fait, nous réagissons sans qu'aucune pensée ne se soit développée, le cerveau étant totalement accaparé par l'action. Ce n'est qu'après coup que pensées et images se bousculent, la conscience de la peur nous envahit *a posteriori* et les symptômes physiologiques apparaissent.

> « J'ai toujours eu peur des serpents et je ne me promène jamais à la campagne de crainte d'en rencontrer. Si je dois emprunter un chemin, c'est la panique, mon cœur s'emballe et j'ai l'impression qu'il va en surgir entre mes pieds à chaque pas », confie Émile.

Comme d'ailleurs beaucoup d'entre nous, Émile a peur des serpents, bien qu'il n'ait jamais été confronté à l'un d'eux dans la réalité. Que le danger soit réel ou imaginaire, les réponses physiologiques sont identiques (respiration coupée, palpitations, tremblements...). Des chercheurs américains ont tenté de comprendre ce phénomène de peur par anticipation. La technique d'imagerie par résonance magnétique (IRM) a permis d'observer qu'en situation de « danger par anticipation », certaines zones spécifiques, notamment le cortex insulaire et la partie gauche de l'amygdale, s'activent alors que dans le cas de « peur réelle », c'est la partie droite de cette région qui est sollicitée.

Quand la peur devient pathologique

Notre cerveau connaît notre vécu, nos expériences. C'est lui qui structure nos pensées et déclenche nos émotions. Ce que nous appréhendons le plus, c'est la représentation que nous nous faisons des événements. Nos peurs sont la pure production de notre esprit et de notre imagination.

« À la simple vue d'une souris, ma mère s'évanouissait. Pour moi, c'est pareil, mon cœur s'emballe, bat à tout rompre, j'ai même l'impression qu'il s'arrête. Je ne peux plus rien faire. Il n'est pas question de transmettre cet héritage à ma fille ! » confie Chantal.

La transmission, bien que fréquente, n'est pas systématique et n'a pas la même répercussion chez chacun. Certains ont connu de semblables expériences lorsqu'ils étaient enfants et les ont enterrées, refoulées dans l'inconscient ; d'autres, un jour, à l'occasion d'un incident, les exhument soudainement. Le cerveau émotionnel ne désapprend pas aisément la peur, aussi les événements traumatiques du passé sont-ils toujours prêts à se réactiver. Ainsi, une image, une odeur, une sensation physique ayant un lien avec l'événement traumatique peut suffire à déclencher la totalité du souvenir douloureux de façon plus ou moins violente. Tout se passe comme si le cerveau cognitif, celui de la raison, n'arrivait plus à établir de contact avec le cerveau émotionnel atteint par le traumatisme. Lorsque les fonctions cognitives sont défaillantes, elles se révèlent incapables de fournir une réponse adéquate.

La peur met en jeu le système nerveux sympathique, qui pousse à agir. Cette fonction adaptative a pour but d'alerter et de mettre en éveil afin de trouver une solution à une problématique. Si elle se répète trop souvent ou s'éternise, les hormones du stress produites essentiellement par les glandes surrénales épuisent le corps, nos pensées se bousculent, nous en perdons le contrôle et nous devenons de plus en plus vulnérables, avec le risque de déclencher une inquiétude chronique. Celle-ci se caractérise par une anxiété généralisée ou une phobie, qui est une peur spécifique (araignées, rongeurs, ascenseurs, etc.), ou peut même devenir un trouble obsessionnel compulsif (comme la phobie de la maladie ou de la foule) qui entraîne la personne dans des rituels obsessionnels pour éviter d'entrer en contact avec l'objet de sa peur.

> « J'ai peur que le pont sur lequel il me faut passer s'écroule. Pour l'éviter, je fais un détour d'une heure alors qu'en l'empruntant, je serais à mon bureau en dix minutes », déclare Monique, qui a récemment été témoin d'un tremblement de terre à l'étranger.

Pour échapper à ce qui l'effraie, Monique utilise ce que l'on appelle une « conduite d'évitement ». Si l'évitement, caractéristique principale de la phobie, est le moyen de se soustraire à une situation anxiogène, il n'est pas sans conséquences et ne garantit pas une vie plus aisée. L'énergie psychique dépensée est considérable et souvent responsable de toutes sortes de comportements irrationnels.

Pour mieux gérer ses peurs : vivre l'instant présent

Le mental (nos pensées, nos ruminations, notre vagabondage mental) cherche à dissimuler l'instant présent derrière le passé et le futur. Sa préoccupation majeure est de maintenir constamment le passé en vie et de se projeter dans le futur, ce qui attise nos peurs et provoque l'angoisse. En fait, nous craignons par-dessus tout le vide, la confrontation avec nous-mêmes, qui nous renvoie à la peur d'être seul, à l'abandon, à notre peur archaïque, celle du petit enfant confronté à l'angoisse de séparation et à l'inconnu.

Apprendre à gérer sa peur, c'est savoir se centrer sur l'instant présent. « Lorsqu'on est dans l'instant présent, on est en contact avec la vie, on n'est plus jamais seul, on connaît un état de bien-être et on n'a plus peur », écrit Anthony de Melho [1]. Nous avons le pouvoir de nous libérer de ce qui nous effraie, pour atteindre ce que les bouddhistes appellent la liberté intérieure. Celle-ci permet de savourer la simplicité du moment présent, affranchi du passé et du futur. Il s'agit de pouvoir accepter les choses avec sérénité, sans pour autant tomber dans la passivité ou la faiblesse. Le secret de cette libération réside dans l'instant présent. Comment y parvenir ? Prenez profondément conscience que le moment présent est toujours uniquement ce que vous avez ou ce que vous faites. Concentrez-vous sur n'importe quelle activité routinière en lui accordant toute votre attention afin qu'elle devienne une fin en soi.

Par exemple, portez une attention toute particulière à chaque mouvement que vous effectuez, à votre respiration, à votre corps qui se déplace dans l'espace ; lorsque vous vous lavez les mains, prenez plaisir à ressentir toutes les perceptions qui accompagnent ce geste : le bruit et la sensation de l'eau sur votre peau, le mouvement de vos mains, l'odeur du savon, etc. ; ou encore, observez pendant cinq minutes votre respiration, remarquez comme sa présence même silencieuse se manifeste à l'intérieur de vous.

---

1. *Quand la conscience s'éveille*, Albin Michel, 2002.

Se libérer de nos peurs avec la sophrologie

La peur est associée à un état de tension et à une respiration accélérée. La respiration en profondeur permet de trouver la maîtrise et le calme nécessaires pour identifier nos émotions, elle dissipe toutes sortes de tensions physiques pour donner une plus grande liberté à l'expression de nos sentiments.

Cette respiration contrôlée requiert notre attention et évite l'installation de pensées parasites. Chaque fois que les événements le permettent, par exemple avant un examen, un entretien, une prise de parole en public, etc., utilisez les techniques respiratoires décrites dans les applications pratiques à la fin de ce chapitre (p. 125).

La relaxation musculaire est associée à un rythme respiratoire ralenti. Lorsque le souffle est lent et que le corps est détendu, il est difficile de ressentir la peur. Le corps et l'esprit fonctionnent de façon interdépendante : la relaxation musculaire favorise la détente mentale et vice versa. De même, lorsque nous sommes absorbés par une activité, nous ne percevons pas la peur. Si nous libérons l'esprit de cette action qui monopolisait notre attention, elle risque de resurgir. Ce sont donc bien les pensées qui sont responsables de notre inquiétude, pensées qui s'élaborent à partir de la mémoire. Or la mémoire concerne le passé. Pour agir efficacement sur la peur, il importe de tourner sa pensée vers des images ou des sensations positives.

Exercez-vous à visualiser par exemple un paysage que vous affectionnez particulièrement, explorez-le dans ses moindres recoins. Le cerveau ne peut gérer qu'une tâche à la fois : si nous nourrissons notre esprit d'harmonie, nous le préservons de l'intrusion des pensées négatives.

Exercez-vous de manière à ancrer d'autres images, souvenirs et sensations agréables et placez toute votre confiance et votre force dans la création de ce nouveau « logiciel ». Branchez-vous sur des souvenirs heureux, des images, des vibrations et perceptions plaisantes.

En sophrologie, des techniques efficaces permettent d'augmenter la résistance aux situations anxiogènes. Au fil de l'entraînement, peu à peu la peur diminue, la situation dangereuse peut être dépassée. Les peurs sont appréhendées en rétablissant un juste équilibre entre raison et émotion, jusqu'à ce que l'expérience d'un vécu positif permette d'installer la confiance.

Même s'il vous est difficile d'intégrer ces exercices dans votre emploi du temps, prenez néanmoins le temps de les pratiquer régulièrement. Selon différentes études, vingt minutes à raison de trois fois par semaine serait le rythme idéal pour agir sur le cerveau émotionnel et se reprogrammer positivement.

Exercice nº 16

Pour dénouer les tensions et relativiser nos peurs

• En position debout, jambes légèrement écartées, inspirez l'air par le nez et gonflez doucement votre ventre.

• Gardez l'air dans vos poumons un court instant [...] puis haussez doucement vos épaules. [...]

• Expirez lentement en vidant bien vos poumons.

• Puis inspirez à nouveau par le nez, gardez l'air dans vos poumons, et relevez les épaules un peu plus rapidement.

• Dès que vous avez besoin d'expirer, arrêtez l'exercice et prenez bien le temps de ressentir la détente.

• Effectuez ce même exercice une troisième fois, en levant les épaules encore un peu plus rapidement.

Exercice nº 17

Pour calmer la peur qui monte

Calmer l'esprit et faire des affirmations positives sont des moyens très efficaces pour modifier ses schémas de pensée négatifs.

• Chaque fois que vous ressentez votre peur, fermez les yeux et mettez-vous à l'écoute de votre respiration jusqu'à ce qu'elle devienne calme et régulière.

• Visualisez ensuite un personnage qui incarne pour vous la force, le courage (cela peut être un héros de votre enfance ou une personne que vous admirez, ou encore un acteur ou un personnage symbolique).

• Imaginez-vous être cette personne et entrez dans sa peau. Pour un instant, vous ne faites qu'un avec elle. Sentez sa force, sa confiance devenir vôtres. Vivez ces sensations intensément [...] Ancrez-les bien dans votre corps, dans votre mental.

• Maintenant, armé de cette confiance, représentez-vous votre peur. Imaginez que vous l'affrontez différemment. Visualisez par exemple le déroulement de l'événement en le projetant mentalement sur un écran de télévision. Vous repérez la scène anxiogène, mais, paré de cette force, de ce courage, vous la vivez dans un tout autre état d'esprit. [...]

• Variez à l'infini le déroulement des faits, toujours de façon positive.

• Effectuez cet exercice durant 21 jours : c'est la durée nécessaire à l'inconscient pour enregistrer le message et se reprogrammer différemment.

Au début, entraînez-vous trois fois par jour pendant une semaine, ensuite matin et soir durant la deuxième semaine, puis le soir, juste avant de vous endormir, durant la troisième semaine. Vous aurez ainsi conditionné votre mental à répondre différemment. Retrouvez instantanément cette scène positive plusieurs fois dans votre journée. Le corps ne fait aucune distinction entre les dangers imaginaires et les dangers réels. Comme il réagit à votre mental, veillez à entretenir en permanence des pensées de paix et d'harmonie.

Exercice n° 18

Pour stopper la peur
La technique conditionnée ou « signe-signal »

• Asseyez-vous et fermez les yeux. Laissez la détente s'installer en vous plaçant, comme d'habitude, dans votre paysage ressource (celui qui vous calme) [...]. Vous êtes au centre de cette paix et vous observez le paysage, en percevant pleinement toutes les sensations. Sentez ces impressions de bien-être s'amplifier. [...]

• Lorsqu'elles sont bien installées, serrez l'extrémité de votre pouce et celle de l'index de votre main directrice. À l'aide de ce geste (le signe-signal), ancrez votre paysage paisible. Si des pensées négatives surgissent, faites ce geste, qui agit comme un signal d'arrêt. Prenez une grande inspiration abdominale, retenez l'air quelques secondes et retrouvez immédiatement, grâce à votre « signe-signal », votre paysage tranquille et tous vos repères de détente. Expirez, installez bien ce calme. [...]

• Recommencez à plusieurs reprises.

Exercice n° 19

Pour vous programmer positivement

• Après vous être relaxé comme précédemment, partez à la recherche d'un souvenir heureux du passé (vous en avez certainement stockés dans votre mémoire). Évoquez-le. Revivez l'ambiance, reconstituez le lieu et les circonstances, et sentez comme votre corps se détend.

• Posez votre main droite largement étalée sur le plexus solaire (au creux de l'estomac), restez totalement attentif au bercement de votre main à travers le souffle ample et profond de votre respiration, et ressentez petit à petit le calme s'installer au centre de votre corps à l'évocation de ce souvenir.

• En vous entraînant régulièrement à vous remémorer des pensées agréables, votre mémoire finira par les enregistrer. Le cerveau et le système nerveux les vivront alors comme une réalité. Vous disposerez ainsi d'outils efficaces et rapides pour contrôler et gérer des situations inquiétantes. La qualité de vos pensées produira une force énergétique suffisante de nature à évacuer vos anciennes programmations.

Exercice n° 20

Pour installer la paix en vous

Installez la détente comme précédemment. Une fois la relaxation bien ressentie, imaginez votre peur et détournez-la en serrant le pouce et l'index et en prononçant mentalement ces phrases que vous pourrez apprendre par cœur :

1. Je fais mon « signe-signal » (serrez les extrémités du pouce et de l'index).

2. Je relâche mon visage et mes épaules (concentrez bien votre attention sur cette détente spécifique en relaxant notamment la mâchoire).

3. Je me place dans ma scène paisible (retrouvez toutes les impressions qui y sont associées : odeurs, sons, couleurs, etc.). [...]

4. Je respire avec mon ventre et, sur l'expiration, je prononce le mot « calme » (concentrez votre attention sur votre respiration abdominale).

Récitez ces phrases comme un mantra. N'hésitez pas à recommencer l'exercice plusieurs fois jusqu'à ce que vous ressentiez le calme s'installer. Au fil de l'entraînement, ces mots agiront comme un réflexe conditionné.

Rappelez-vous : votre cerveau ne peut enregistrer deux messages en même temps. En lui suggérant une image positive, votre corps réagira lui aussi favorablement par la détente.

Se libérer de la colère

La colère fait partie de notre palette d'émotions primaires, au même titre que la peur ou la joie. Indispensable à notre équilibre, elle sert à signifier un mécontentement ou un désaccord sur un sujet, à imposer une idée, à revendiquer ou obtenir un droit. Elle nous donne l'occasion de réagir, de défendre notre territoire, de nous affirmer et de nous faire respecter. Elle peut aussi être imprégnée par la peur et révèle la plupart du temps un désir non comblé ou un besoin en souffrance.

La colère, un moyen d'expression...

Dans la gamme des insatisfactions qui s'expriment à travers la colère, notons la jalousie, le dépit, la rancune, la rage (en partie déclenchée par l'impuissance à se soustraire à une situation non désirée), ou encore la révolte face à une injustice. La colère peut gronder, incuber, monter brutalement, devenir noire, menaçante, violente. À chacun sa façon de la formuler. Si, par exemple, dans notre famille, l'expression de la colère est une émotion interdite, nous chercherons à l'étouffer, ou encore à la retourner contre soi avec le risque de menacer notre équilibre intérieur. En effet, une colère bloquée provoque une baisse d'énergie vitale susceptible de se traduire entre autres par une fatigue intense, une diminution des défenses immunitaires ou des douleurs somatiques telles que maux de dos, d'estomac, etc.

Il y a aussi ceux qui, plutôt que de faire face à leur colère, la projettent contre « l'autre ». Ils se soulagent momentanément de leurs tensions en s'attaquant à une personne ou à un objet. Le tiers est alors un exutoire plutôt qu'un vrai responsable.

... et une bombe à retardement

Si elle est vécue sur le mode de la violence, la colère prend parfois une ampleur excessive au point de devenir destructrice. Des attentes irréalistes ou une trop grande sensibilité entretiennent une perception erronée de la réalité et génèrent des colères injustifiées. L'agressivité provient en partie de la conviction qu'un événement ou un tiers est responsable de notre détresse. L'acte violent constitue un choix erroné pour atteindre la satisfaction d'un besoin. Lorsqu'il est dirigé sur la mauvaise cible, il porte atteinte à l'intégrité de l'autre. Des personnes victimes de violence au cours de leur enfance risquent d'en manifester à leur tour à l'âge adulte. Mais bien heureusement, tous ceux qui ont été battus ou violentés psychologiquement ne répètent pas forcément ce comportement. En règle générale, la colère est plutôt une émotion qu'ils s'interdisent ; ils évitent donc toute situation qui pourrait la déclencher, sachant instinctivement qu'elle risquerait de devenir dévastatrice.

D'autres, au contraire, victimes d'abus et encore habités par la rage, la manifestent constamment en faisant souffrir des êtres vulnérables ou dépendants. Ils s'attaquent en général à leurs proches, leurs enfants ou leurs animaux domestiques.

Certaines personnes, en apparence douces et tranquilles, se révèlent soudain violentes, parfois jusqu'au meurtre. Leur colère accumulée et réprimée s'est muée en une bombe à retardement. « Nos émotions sont comme des capsules blindées qui à tout moment peuvent se dégoupiller », écrit Alexander Lowen[1].

Du bon usage de la colère

Sur le plan physiologique, la colère produit une mobilisation globale de l'organisme. Plusieurs réactions physiologiques sont déclenchées, particulièrement visibles lorsque la colère atteint son paroxysme. La mobilisation nous prépare à l'attaque, en nous incitant à conquérir ce qui nous apportera la satisfaction désirée. Essentiellement, la colère fournit l'énergie pour vaincre l'obstacle qui se dresse devant nous.

C'est une émotion nécessaire à notre équilibre. C'est même un symbole de vie. Il est donc essentiel de savoir la manifester dans le respect de soi et de l'autre. Elle nous donne l'occasion de réagir, mais aussi de nous affirmer, de nous défendre et de nous faire respecter. Elle est une réaction saine devant un obstacle ; il serait vain d'essayer de la bannir. Il nous appartient au contraire de la réhabiliter en apprenant à la vivre de manière constructive. Encore faut-il pouvoir accueillir nos réactions et avoir le courage d'y faire face.

1. *Le Plaisir*, Tchou, 1988.

Martine fait partie de ces familles « bien-pensantes » dans lesquelles on ne montre pas son ressentiment : « J'entends encore ma mère me dire : "La colère est mauvaise conseillère" ! Aujourd'hui encore, impossible de la sortir. Mon mari, lui, au contraire, explose, mais après c'est oublié. Moi, je ressasse pendant des heures et des jours ma rancune. Je la garde et, chaque fois que je l'étouffe, mon corps réagit par des tensions musculaires. »

C'est souvent la peur du rejet, la peur des représailles ou du conflit, ou encore celle de déplaire qui déclenchent cette paralysie émotionnelle. Une colère qui ne se dit pas ne s'efface pas, et ressortira d'une manière détournée et souvent destructrice. Lorsqu'elle est évacuée, elle nous donne accès à un état de paix intérieure et à une plus grande vitalité. Elle participe aussi à l'élaboration de l'estime et de la conscience de soi.

Comment apprendre à exprimer sa colère ?

Exprimer sa colère, ce n'est pas la diriger sur l'autre, c'est l'exposer à la personne qui a déclenché votre contrariété au moment où elle survient, et non après coup pour éviter de l'enfermer, de la ruminer ou de la projeter de manière violente. Si vous vous sentez de taille à la dire immédiatement, au lieu de lancer des piques ou des phrases cinglantes, énoncez clairement vos griefs, parlez en votre nom propre en disant « Je ». Par exemple, au lieu de lâcher : « C'est à cette heure-ci que tu rentres ? », formulez plutôt : « Je suis en colère parce que tu rentres tard ! » Vous énoncerez ainsi ce que vous ressentez.

Bien sûr, il n'est pas toujours facile d'extérioriser instantanément son emportement sans heurts. Dans certaines situations, c'est même irréalisable sur-le-champ, car la colère est telle qu'elle risquerait d'envenimer les relations. Dans ce cas, ménagez-vous un peu de temps pour reprendre vos esprits et réagir ensuite. Analyser d'où vient cette rage, lorsque votre compagnon est en retard, vous permettra peut-être de comprendre qu'elle est reliée à votre peur récurrente d'être oubliée, en particulier à cet épisode de votre enfance où votre mère, prise dans des embouteillages, est arrivée à la sortie de l'école avec une bonne heure de retard !

Si, comme pour Martine, la colère était pour vous une émotion interdite, il vous faudra apprendre à l'apprivoiser. Voici les étapes à franchir.

Nommer, accueillir

La première étape consiste à admettre que vous êtes en colèrc. Reconnaître sa colère, c'est commencer à l'accueillir, à la ressentir, à l'accepter...

Libérer

L'expression « être hors de soi » pour traduire sa colère est significative. Si vous êtes « hors de vous », il est difficile de vous centrer sur votre ressenti, car vous n'habitez plus votre corps, c'est la colère qui l'habite.

Pour éviter qu'elle ne s'imprime dans votre corps sous forme de douleurs ou de tensions, ou qu'elle n'explose à tout moment et pollue votre quotidien, ou encore si vous êtes tétanisé à l'idée de la dire, apprenez à la décharger symboliquement grâce à l'exercice de la cible (voir p. 138). Il s'agit de diriger sa colère vers une cible imaginée, les yeux fermés, comme si c'était un punching-ball. La projection violente de votre colère vers l'extérieur et la visualisation de la cible soulagent corps et esprit de toutes tensions. En vous délivrant du poids de cette pression, vous trouverez l'énergie nécessaire pour exposer calmement vos griefs.

Dire

Entraînez-vous aux déclarations « action-ressenti ». Voici un exemple : « Quand j'ai réalisé que tu avais oublié mon anniversaire (*action*), j'en ai éprouvé une grande tristesse (*ressenti*). » Cette déclaration sert à exprimer un sentiment éprouvé face au comportement particulier d'une personne. Le but n'est pas de provoquer de la culpabilité, ce qui risquerait de placer l'interlocuteur sur la défensive. Si vous soutenez à votre supérieur hiérarchique : « Quand vous m'avez demandé sur un ton sec de changer de bureau », vous faites intervenir un jugement avec, en corollaire, une interprétation de nature à envenimer le problème. L'action-ressenti doit permettre d'exprimer une émotion : « Lorsque vous m'avez demandé de changer de poste, *j'ai ressenti* une profonde déception. »

Les affirmations ainsi formulées incitent à nous cantonner aux faits précis et nous obligent à traduire ce que nous sentons réellement au fond de nous-mêmes. Elles permettent aussi de nous recentrer et de développer une plus grande sensibilité dans l'expression du ressenti.

Il est possible que vous soyez dans l'incapacité d'exprimer votre ressentiment à la personne concernée, parce que ce n'est pas réalisable (impossibilité de communication, décès, etc.). Pour liquider cette colère, écrivez-la, sous forme d'une lettre que vous brûlerez ensuite. Si cette lettre s'adresse à une personne décédée, vous pouvez en répandre les cendres sur sa tombe. Cet acte de symbolisation qui consiste à écrire puis à détruire le message pour ne garder sur soi aucune trace de sa rancune permet de s'en acquitter totalement.

Écouter sa colère

Si nous parvenons à l'apprivoiser, la colère nous fournira la force et l'énergie nécessaires pour régler les situations problématiques et nous éclairer sur la nature de nos vrais besoins. « Je garde tout, mais lorsque j'explose, tout le monde en prend pour son grade ! confie Claude. Finalement, en me posant pour y réfléchir, j'ai réalisé que mon agressivité servait à camoufler ma tristesse », avoue-t-il.

Pour identifier l'obstacle réel à notre satisfaction, il nous faut pouvoir réfléchir à la situation qui pose problème, l'analyser et la ressentir en toute conscience. Il importe de savoir repérer ce qui est acceptable et ce qui ne l'est pas, ce qui déclenche notre exaspération ou ce qui, au contraire, nous empêche de l'exprimer. La colère est souvent l'indice d'un besoin violé par soi ou par une autre personne. Une colère qui fermente a quelque chose à nous signifier, aussi la renier serait se renier soi-même. Ses principales sources proviennent d'une frustration, par exemple lorsqu'une personne ne ticnt pas un engagement, quand nous sommes privés d'un droit légitime et que nous en éprouvons un sentiment d'injustice, ou encore quand quelqu'un entrave notre liberté, pénètre dans notre territoire et que nous nous sentons menacés.

Écouter l'autre

Dans toute situation d'agression, deux réactions sont possibles : la fuite ou le combat. En ce qui me concerne, j'en préconiserai une troisième : *aller vers l'autre,* à sa rencontre, dans une communication d'« être-à-être » sans agressivité, en essayant de le comprendre, de l'écouter et de se mettre en empathie avec lui.

L'empathie, c'est être présent à soi et aux autres. Lorsque nous aurons trouvé en nous suffisamment de sécurité intérieure, nous pourrons utiliser cette confiance et cette souplesse pour écouter l'autre, sans frustration, sans jugement et sans *a priori*. Pour cela, apprenons à travailler à notre paix intérieure ; les exercices préconisés tout au long de cet ouvrage vous permettront d'atteindre cet état de disponibilité.

En développant nos capacités à exprimer notre ressenti, nous parviendrons à une certaine justesse dans l'expression de nos émotions. Nous n'aurons plus à les refouler au risque de les formuler de façon disproportionnée. Une colère contenue empêche la disponibilité nécessaire pour l'intimité, la tendresse, la créativité et l'expérience durable et satisfaisante de la relation.

Quelques conseils pour surmonter la colère

• Apprenez à reconnaître vos signes de colère dès qu'ils commencent à se manifester : souffle coupé, impossibilité de sortir un son, puis montée d'énergie qui pousse à l'expression de la colère (palpitations, mâchoires tendues, etc.). Ces symptômes sont régis par le système nerveux autonome, impossible à contrôler. C'est lui qui est responsable du rythme cardiaque, de nos tremblements, du souffle court, de la chaleur qui monte au visage ainsi que de la sensation de gorge serrée, de bouche desséchée et d'estomac noué.

• Réfléchissez au vrai besoin qu'il vous faut combler. Nommez-le. Quel est-il ? Si vous éprouvez de la colère parce que votre mari a totalement oublié votre anniversaire, admettez que c'est votre besoin de reconnaissance qui est ici inassouvi. Sachez identifier vos besoins, évaluez leur niveau de satisfaction, faites la distinction entre besoins et désirs et exprimez-vous clairement.

• Formulez verbalement vos insatisfactions et vos désirs. Entraînez-vous à faire des déclarations « action-ressenti » (voir p. 134).

• N'accordez pas une importance démesurée à des événements qui n'en valent pas la peine.

• Concentrez-vous sur ce que vous devez faire vraiment pour atteindre votre but.

• Apprenez à vous détendre.

• Sachez respecter vos véritables sentiments, même s'ils ne correspondent pas à ce que les autres désirent. Vous pouvez signifier votre désaccord sans vous sentir coupable. Soyez fidèle à vos choix de vie. Ne cherchez pas à plaire à tout le monde à tout prix en pensant qu'en acceptant tout des autres, ils vous aimeront davantage ! Demandez-vous toujours ce que vous désirez vraiment, ce qui est acceptable pour vous, ce dont vous avez besoin pour vous sentir à l'aise, et osez refuser ce qui n'est pas en adéquation avec vos valeurs.

Il nous faut quelquefois du temps, voire des années, pour apprendre à désobéir à de fausses croyances et nous donner la permission de modifier certains de nos comportements.

Applications pratiques

Comment libérer la colère ?

La colère est une tension physique et émotionnelle qui demande à être déchargée. Les exercices suivants vous permettront symboliquement de dénouer vos tensions internes. Il est conseillé, pour ceux qui sont effectués en position debout, de s'asseoir après les avoir exécutés car ils peuvent provoquer une sensation de fatigue du fait de cette décharge émotionnelle.

Exercice n° 21

Pour évacuer la colère : la cible

• Tracez mentalement un cercle devant vous. Imaginez que vous y placez symboliquement votre colère, votre ressentiment.

• Puis effectuez le geste suivant en synchronisation avec votre respiration :

– inspirez et, en même temps, placez votre bras vers l'arrière du corps en pliant le coude et en fermant le poing en direction de la cible (geste du tireur à l'arc) ;

– retenez l'air un court instant puis expirez fortement par la bouche en projetant votre bras vers la cible, comme pour donner un grand coup de poing. L'expiration peut s'accompagner d'un cri libérateur.

• Récupérez après chaque exercice en retrouvant une respiration calme et régulière.

• Effectuez cet exercice 3 fois avec le bras droit, 3 fois avec le bras gauche, 3 fois avec les deux bras.

Il est possible que vous ressentiez une légère fatigue après cet exercice, car la tension s'est libérée. Récupérez en vous asseyant quelques minutes et ressentez le calme dans votre corps.

Exercice n° 22

Pour dialoguer avec la colère, la comprendre et s'en libérer

• Installez-vous en position assise et décontractez tout votre corps, comme vous savez le faire à présent (détente du visage, des épaules, des bras, du dos, des membres inférieurs). [...]

• Maintenant, remémorez-vous l'événement qui a déclenché votre irritation comme si vous en étiez totalement dissocié, en l'observant de l'extérieur. Visualisez bien les circonstances et les motifs de votre colère. Quelles sont les personnes impliquées ? Quels sont les mots, les attitudes, les comportements en cause ?

• Ressentez bien votre émotion en cet instant. Dans quelles parties de votre corps se loge-t-elle ? Prêtez une attention particulière à votre mâchoire, à votre gorge, à toute la zone cervicale, aux épaules, et à toute la sphère abdominale. Dialoguez avec votre colère : que veut-elle vous signifier ? Prenez quelques minutes pour entendre la réponse. [...]

• Puis inspirez profondément et sur chacune de vos expirations, par la bouche, visualisez l'air expiré emportant votre irritation et tout ce qui est nuisible à votre harmonie. [...] Libérez-vous totalement de toutes vos tensions.

• Ressentez la libération progressive des zones de contraction de votre corps.

• Laissez-vous aller à la détente, en y associant une image (paysage, fleur, arbre, tout ce qui est susceptible d'évoquer bien-être et sérénité). Ressentez cette paix en vous-même et, sur chaque inspiration, prononcez mentalement : « J'ai la paix » et diffusez ces mots dans votre corps. [...]

Exercice nº 23

Pour évacuer physiquement la colère dans une situation d'urgence

Très libérateur, cet exercice « tension détente » vous permettra d'évacuer physiquement la colère dans une situation d'urgence.

- Il s'agit, en prenant une grande inspiration par le ventre, de contracter davantage tous les muscles, la mâchoire, les dents, les poings, et de tendre bras et jambes. Bloquez le tout sans respirer, juste un court instant.
- Au bout de quelques secondes, dès que vous en ressentez le besoin, expirez puissamment par la bouche. Puis, quand vous aurez réalisé cet exercice à trois reprises, et notamment si la colère se porte sur votre sphère abdominale, effectuez des séries d'expirations très énergiques en rentrant complètement et puissamment votre ventre, avec l'idée de le pousser vers votre colonne vertébrale.
- Cet exercice peut être pratiqué discrètement tout en libérant une grande énergie physique.
- Après ces séries d'expirations, prenez le temps de vous détendre et décontractez tout votre corps (visage, épaules, bras, dos, membres inférieurs)... Imaginez-vous dans un endroit calme, retrouvez votre « scène paisible », ce lieu qui symbolise la paix, et mettez-vous à l'écoute de votre respiration, laissez-la devenir de plus en plus calme, de plus en plus abdominale. [...]

Retrouver confiance en soi

« Je me trouve nulle, j'ai peur de ne pas y arriver, l'imprévu me paralyse » ; « Tout est toujours de ma faute, je me trouve sans intérêt et je reste en retrait car je n'ai rien à dire d'intéressant » ; « Mon corps ne me plaît pas, je me sens moche », « Je dépends des autres, je doute sans arrêt de mes capacités » ; « J'ai peur de l'inconnu, peur de décevoir, je ne dis jamais non, tout le monde m'exploite » ; « Je suis maladroite, je me sens exclue, quelquefois je m'exclus toute seule » ; « Ma vie me tue, je n'arrête pas de me faire des films qui m'angoissent... »

Ces extraits de témoignages recueillis auprès de personnes en thérapie traduisent à l'évidence une faille dans leur confiance en eux-mêmes. Le manque de confiance bloque l'expression des désirs et des besoins, il inhibe toute action et retentit sur l'ensemble de la vie affective, professionnelle et familiale. Le corps traduit cette fragilité par une gestuelle étriquée, sans aisance, et par tout un cortège d'émotions souvent invalidantes : rougeurs, bouffées de chaleur, tremblements, sueurs, nausées, crises de panique, bégaiement, etc. Tristesse, anxiété, phobies sociales, dépendance à l'alcool, boulimie, anorexie, dépression sont les symptômes du manque de confiance en soi.

Chacun aspire pourtant à cet état de bien-être où l'on se sent à l'aise, en confiance, bien dans sa peau. « Nul ne peut être heureux s'il ne jouit pas de sa propre estime », écrit Jean-Jacques Rousseau. La confiance en soi est un élément fondamental de notre personnalité. Elle donne le sentiment de sa compétence personnelle, elle permet de mener à bien et à son terme son projet de vie, d'explorer en toute liberté les infinies manières de mener sa vie. Pour les philosophes de l'Antiquité, le bon rapport à soi a toujours été considéré comme une clé du bien-être.

La confiance en soi repose sur ***l'estime de soi,*** c'est-à-dire la perception de et la confiance en ses propres capacités elle s'extériorise par ***l'affirmation de soi*** en se confrontant à autrui. Elle se construit très tôt dans l'enfance et se poursuit tout au long de notre vie.

L'estime de soi est un jugement de valeur global que l'on porte sur soi. Elle est harmonieuse lorsque le rapport à soi-même est suffisamment paisible pour permettre de s'engager dans l'action, sans peur de l'échec ni obsession de la réussite, et pour se tourner vers les autres sans crainte d'être jugé ni besoin d'être admiré. Elle se manifeste par la confiance dans nos actes, nos décisions, nos projets. Les problèmes d'estime de soi incitent en effet à la dérobade, à l'évitement. Or, c'est l'action qui ouvre au monde, nourrit, façonne, construit l'estime de soi et permet de se relever des épreuves et désillusions de l'existence. Celle-ci est à la fois un héritage et une construction que nous pouvons continuer à parfaire.

L'affirmation de soi permet de maintenir une bonne estime de soi. Pour cela, nous avons besoin d'un soutien externe, d'où la nécessité d'établir un lien aux autres, de leur exprimer nos désirs et nos émotions, tout en respectant les leurs. C'est la qualité de la relation que nous entretenons avec autrui qui influera dans le degré d'affirmation et de confiance en soi.

Les mécanismes psychologiques de la confiance en soi

La confiance en soi s'installe et s'opère au fur et à mesure de la construction du Moi. Quand le Moi est capable de médiation entre les désirs et les exigences ou les croyances, quand il parvient à pondérer la peur et l'inquiétude face au manque, au danger et à la nouveauté, la confiance est au rendez-vous. Tous les psychologues de l'enfance sont à peu près d'accord pour affirmer que la confiance en soi naît des liens qui se construisent à tous les stades de l'enfance. L'affirmation de soi se développe par poussées successives au cours de certaines périodes sensibles.

• La première, située entre 8 et 12 mois, est appelée aussi celle de l'« angoisse de séparation » car c'est durant cette période que l'enfant se confronte à l'extérieur et ressent ses premières inquiétudes à la vue d'un étranger. Il nous faut donc l'aider à opérer de façon progressive cette phase de séparation d'avec son milieu parental dans la mesure où cette étape est cruciale pour son autonomie et l'affermissement de sa personnalité.

• La deuxième est celle de l'apprentissage du « non » qui se repère au cours de la deuxième année, où le « non » et des envies de « faire tout seul » permettront à l'enfant de s'affirmer. Il sera confronté à la frustration car il apprendra que tout n'est pas possible, qu'il ne peut pas tout obtenir. Cette étape est elle aussi nécessaire à la séparation et à l'installation de son autonomie.

• La troisième étape constitue ce que les psychanalystes ont nommé la période œdipienne, vers l'âge de 3 à 5 ans, avec l'apparition de la curiosité envers le corps et la définition de soi comme être sexué, et où se pose la question de l'identité sexuelle.

• Puis vient l'adolescence, phase fondamentale dans la construction de la confiance en soi. Cette étape débute à la prépuberté, vers 11 ans. Elle marque la fin de l'enfance et l'entrée dans une période critique pour les filles comme pour les garçons, avec tous les changements physiques et psychiques de nature à produire les premiers tumultes intérieurs. Elle est suivie vers 14-15 ans, après une accalmie passagère, par l'affirmation de soi pubertaire, caractérisée par une revendication intensive d'une libre disposition de soi, une lutte contre les contraintes familiales, la recherche de nouvelles identifications et l'affirmation de soi face à autrui et à l'autre sexe.

• Et enfin, vers 17-19 ans, la période normalement terminale de l'adolescence, avec la fameuse « crise d'adolescence » se traduisant par une mise en accusation – violente quelquefois – des valeurs admises, le goût de la contestation, de la provocation et du scandale et une volonté de vivre sa vie. Au cours de l'adolescence, l'image du corps est en plein remaniement : les formes changent, la voix mue, le visage est souvent couvert d'acné, autant de modifications qui mettent l'estime de soi à rude épreuve. « L'adolescent(e), disait Françoise Dolto [1], est comparable au homard qui, une fois sa coquille tombée, est obligé d'aller se cacher sous les rochers, le temps de sécréter une nouvelle coquille. » C'est aussi l'âge

1. *Paroles pour adolescents ou le complexe du homard*, Gallimard Jeunesse, 2003.

où il s'expose à d'incessantes critiques dans son milieu familial. Émotionnellement attaché à ses parents, il n'est pas encore de taille à s'affirmer totalement socialement et sa confiance en lui risque de s'effondrer s'il ne se sent pas soutenu. Certains parents ne disposant pas de ressources internes suffisantes pour affronter la situation se trouvent totalement déstabilisés face à leur adolescent qui s'oppose avec tant de véhémence.

Un peu d'humour peut, dans certaines situations, détendre l'atmosphère. La façon dont nous gérons nos propres difficultés est le meilleur modèle que nous puissions offrir à un adolescent. Celui-ci a besoin qu'on s'intéresse à lui. En passant un peu de temps avec lui, en partageant de temps en temps ses goûts, en l'écoutant parler de son univers, même s'il est aux antipodes du nôtre, nous lui signifions notre intérêt et notre soutien. L'essentiel est d'éviter toute intrusion. Entre le parent intrusif, lointain et dur, et le parent copain, permissif et laxiste, il y a un large espace à l'intérieur duquel les échanges restent possibles.

Toutes ces périodes sont considérées comme des bourgeonnements de l'affirmation de soi et ces poussées successives rencontrent au cours d'une existence bien des obstacles et bien des tentatives d'étouffement. Par l'effet « boule de neige », les difficultés vécues à la première période retentiront sur la façon dont s'écoulera la deuxième période, et celle-ci sur la troisième et ainsi de suite.

L'image de soi

L'unité du Moi repose sur une cohérence avec soi. Le Moi sujet possède un savoir, une assise, des bases solidement enracinées. « Lorsqu'on est présent à soi, dit Porphyre, philosophe néoplatonicien, on possède l'unité de tout son être, il est présent partout en soi. »

L'absence de structuration crée une mauvaise image de soi. C'est de cette carence que naissent notre faiblesse et notre manque de confiance. Un Moi dépourvu de ses défenses habituelles est fragile, son identité est vacillante et cette vulnérabilité se manifeste par des troubles de l'image de soi, des complexes et un manque d'assurance. Une telle constitution du Moi résulte de failles précoces et engendre une mauvaise perception de soi.

L'enfant se nourrit des paroles réconfortantes des adultes ; le rôle et les attitudes des parents sont donc déterminants dans le développement de la confiance en soi. Un surcroît de protection, malgré toute l'affection reçue, peut provoquer chez certains une absence de confiance en eux, car, trop dépendants, ils seront sujets au doute permanent sur leur capacité à réussir. L'expérience scolaire et les premières expérimentations sentimentales ont également une incidence. Dans ce dernier cas, on sait combien l'échec dans ces tentatives est de nature à ruiner toute assurance et même à entretenir la profonde conviction qu'on ne pourra jamais rien réussir.

Tous les acteurs de notre enfance jouent donc un rôle essentiel dans la construction de notre sécurité intérieure. Néanmoins, tout au long de notre vie, la confiance est en permanence menacée. Échecs, déracinement, chômage et épreuves l'ébranlent parfois gravement et peuvent laisser d'importantes cicatrices. Un licenciement, par exemple, est de nature à saper la confiance en soi, même si les compétences ne sont pas strictement remises en cause. On a beau savoir qu'il s'agit d'une réalité extérieure, le moral est néanmoins en berne et l'on se sent coupable, dévalorisé, hors circuit. Il s'agit d'une expérience qui ouvre une blessure narcissique où se mêlent culpabilité, perte de nos illusions, crainte du regard des autres et insécurité quant à l'avenir.

Certaines occasions de vie offrent de nouveaux départs : une rencontre sentimentale, un déménagement, l'insertion dans un groupe, la perspective d'un nouvel emploi, l'accession à un statut social plus élevé sont autant de facteurs propices à la restauration de la confiance.

> « Finalement, ce licenciement m'a donné l'occasion de repenser mes choix et de rebondir. J'ai beaucoup appris et cela m'a rendu plus fort », déclare Alex après être passé par une période de très grande vulnérabilité.

L'image du corps

Au poids de l'environnement se mêlent aussi des causes psychiques, comme l'acceptation de son corps dans une société qui valorise l'apparence et dont les critères sont la réussite, la beauté, le poids et la forme. Aussi avons-nous pris l'habitude de lier notre identité à notre apparence.

> « Elle est jolie, a beaucoup d'aisance, elle est souriante et inspire confiance. Je la choisis car elle colle à notre image ! » conclut ce chef d'entreprise au moment de sélectionner parmi toutes les candidatures celle qu'il retient pour le poste de commerciale à pourvoir au sein de son groupe.

Dans la vie professionnelle, l'apparence corporelle et la tenue vestimentaire jouent un rôle indéniable. Leur importance est déterminante non seulement au moment de l'embauche, mais aussi dans l'intégration au sein de l'entreprise, dans l'évaluation des performances ou encore dans le déroulement d'une carrière. Une étude a notamment démontré que les avocats américains les plus élégants et les plus séduisants étaient ceux qui inspiraient le plus confiance [1]. Un « look » agréable est un atout assuré sur le marché de l'emploi. Le corps, qu'il soit masculin ou féminin, est devenu un vrai produit de marketing dans la promotion de certaines activités car le charme fait vendre. « On fait confiance à sa bonne mine ! » dit l'adage.

Mais que faire d'un corps que l'on n'aime pas ? La façon dont nous vivons notre apparence intervient incontestablement dans le degré de confiance en soi. Le regard que nous portons sur nous-mêmes est intimement lié à notre histoire personnelle. Cette perception de soi est façonnée par des mots, des contacts physiques, des regards aimants ou distants reçus dans l'enfance, par des attentes déçues ou comblées. La façon dont nous avons été aimés et valorisés durant l'enfance est déterminante pour la construction d'une saine image du corps avec une bonne estime de soi. Souvent, il y a un grand décalage entre l'image que nous avons de nous-mêmes et la réalité.

Juliette n'a aucune confiance en elle et se sent très complexée. Elle exècre sa silhouette que les autres trouvent pourtant séduisante. Élevée par des parents trop accaparés par leur travail, elle n'a pas le souvenir d'un regard valorisant de son père ou d'une parole chaleureuse de sa mère.

Dominique, elle aussi, déteste son corps. Ses gestes manquent d'aisance, ses yeux sont baissés, ses épaules voûtées, sa démarche est lourde. Élevée dans un milieu très catholique, elle a appris qu'il fallait cacher son corps et toujours baisser les yeux. « Aujourd'hui, je suis terriblement complexée par mon corps », avoue-t-elle.

1. D. Hamermesch et J. Biddle, « Beauty, productivity and discrimination », *Journal of Labour Economics*, 1998.

Les différents complexes

Les manifestations d'altération de la confiance en soi produisent de vrais complexes. Un complexe est une focalisation obsédante et douloureuse de l'ensemble de ses pensées sur une partie du corps jugée disgracieuse ou sur une dimension de sa personnalité que l'on estime déplaisante. Il occasionne un grand mal-être. Parmi les différents complexes, citons ceux :

– d'infériorité : peur d'être ridicule, d'être l'objet de dérision, certitude de ne pas être à la hauteur, autodévalorisation dans l'image de soi ;

– d'exclusion : impression d'être mal aimé, rejeté, abandonné qui finit par aboutir à une attitude où l'on s'exclut soi-même ;

– de culpabilité : sentiment d'être en permanence fautif, de n'être pas en règle ; face à autrui, difficulté à soutenir le regard car on se sent accusé ;

– d'échec : comme on n'a pas confiance, à la moindre difficulté, on se paralyse, ce qui bloque l'action et entraîne l'échec. Quelquefois, on n'essaie même pas. À quoi bon ? Puisque, de toute façon, on se persuade à l'avance que l'on va échouer.

Damien ne s'autorise pas à réussir. Élevé par une mère possessive, il n'a jamais appris le goût de l'effort. À la moindre difficulté, il stoppe et prend la fuite. Son manque de persévérance lui a valu, dans tous les domaines de sa vie, de sérieux déboires. Il a quitté ainsi de nombreux postes qu'il occupait. Il se retrouve aujourd'hui au chômage. Dans son couple, lors de la première grande discorde, pour éviter la confrontation, il a préféré rompre sans chercher à comprendre.

Les psychanalystes se sont particulièrement intéressés à cette « névrose d'échec ». Ils pensent qu'un certain nombre de personnes auraient une prédilection pour l'échec ou une peur du succès. Le sentiment « de ne pas mériter de réussir », une culpabilité par rapport à la réussite expliqueraient cette mise en échec. Les sujets manquant de confiance et d'estime de soi se trouvent en effet davantage dans le ratage que dans la réussite. Les personnes qui ont confiance en elles et qui s'estiment anticipent leur succès plutôt que leur échec. Les autres ont davantage recours à la stratégie du sabotage.

D'autres symptômes comme la vanité et la suffisance se révèlent être une résultante tant d'un excès que d'un manque de confiance. Il s'agit, dans la plupart des cas, d'une sorte de façade, de surcompensation se traduisant par des conduites d'hyperconfiance en soi. « Si vous nourrissez une autosuffisance, c'est un signe de vanité, c'est que vous souffrez sans doute d'un complexe d'infériorité et que vous avez besoin de prouver quelque chose », disent les Chinois. Le manque de confiance en soi que l'on s'efforce de masquer sera en effet compensé par la vanité, la suffisance, car il faut absolument prouver qu'on est le meilleur. Il en va de même pour les personnalités dites « narcissiques » qui occupent en permanence le devant de la scène avec un besoin d'admiration constante. La plupart camouflent leurs failles et leurs blessures en affichant une apparente assurance.

La confiance en soi, une question de méthode

Sans assurance, on ne peut rien accomplir. Trop souvent, au premier échec, nous nous sentons impuissants, écrasés.

Nombreux sont ceux qui, comme Damien, lâchent dès la première difficulté car ils s'estiment incompétents. Ils oublient que les compétences s'acquièrent et se construisent dans la réalisation.

Pour développer la confiance en soi, il est nécessaire aussi de tirer les leçons appropriées de nos expériences. C'est en comprenant les causes de nos échecs provisoires que nous pouvons corriger nos erreurs et progresser. Sans cette compréhension, et un minimum de rigueur, nous sommes voués aux tâtonnements et au choix de solutions plus ou moins hasardeuses. Quels que soient notre passé et notre histoire, il y a des pages que nous pouvons réécrire, car nous avons la capacité de surmonter nos blessures. Ce qui compte, c'est de savoir comment s'y prendre pour piloter intelligemment notre vie.

Les personnes qui ont confiance en elles savent que leur sort dépend en grande partie de ce qu'elles décident. Elles se prennent en charge et se respectent, elles ont appris que pour atteindre leurs objectifs, elles doivent s'investir vraiment. C'est dans l'épreuve que l'on se révèle ; c'est au fil des performances que nous pouvons améliorer l'intuition de nos propres possibilités. La confiance en soi continue à s'acquérir tout au long de notre vie, elle s'entretient, se restaure. Elle n'exclut pas le doute ou une certaine fragilité, mais permet de transformer les failles en points d'appui. On peut en effet apprendre à vivre mieux, à oser agir et exister face aux autres, à porter un autre regard sur soi, à tenir un discours plus positif sur soi-même, à former des projets et à les réaliser. « La puissance réside dans la méthode », disait Nietzsche.

Quelques conseils pour augmenter votre confiance en vous

Faites taire votre critique intérieur

Une bonne estime de soi implique de faire taire cette voix toxique qui se traduit par des phrases et des pensées que nous nous adressons à nous-mêmes. Bon nombre d'entre nous se nourrissent ainsi d'un discours intériorisé durant l'enfance.

Caroline éprouve une sorte d'angoisse, de bonheur « anxieux », l'empêchant de jouir des bons moments. « Ça ne va pas durer, qu'est-ce qui va m'arriver ? dit-elle, car il y a toujours une catastrophe après ! » Comme s'il y avait un prix à payer, une culpabilité inconsciente à vivre des moments de bien-être.

Paul, marqué par le « peut mieux faire », est devenu perfectionniste et hypertendu. Pour lui, ce n'est jamais assez bien. Il en paie aujourd'hui le prix avec des douleurs cervicales, des phases d'insomnie, à force de vouloir toujours prouver qu'il peut faire plus.

Pour réagir à votre critique intérieur, il vous faut prendre conscience de son existence et comprendre que la plupart de vos difficultés sont liées à vos pensées et croyances qu'il importe de transformer. Il n'est jamais trop tard pour voir les choses en face. Posez-vous les questions suivantes : ces pensées sont-elles réalistes ? M'aident-elles à me sentir mieux ou au contraire entretiennent-elles un processus de dévalorisation qui me fige dans l'immobilisme ?

Si vous passez votre temps à ressasser les blessures du passé, mieux vaut prendre les mesures nécessaires et en parler le cas échéant avec un thérapeute pour les évacuer.

Certaines croyances très limitantes vous bloquent dans l'action, telles que : « Je n'y arriverai jamais, je suis incapable de, ce genre de choses n'est pas pour moi », etc. Repérez et stoppez ces pensées, celles qui vous mettent en échec et qui empoisonnent votre vie, celles qui vous convainquent à l'avance que vous n'y parviendrez pas. Au lieu de vous juger, observez-vous comme si vous vous voyiez de l'extérieur, comme si la personne que vous dévisagez était votre meilleur ami. Quels conseils lui donneriez-vous pour changer ?

À la place d'un reproche, adressez-vous trois compliments pour contrebalancer, et dressez une liste de toutes vos réalisations positives de la journée. Dressez l'inventaire de vos qualités, listez-les sur une feuille sous forme d'affirmations, notez-les sur des petites cartes de visite. Rappelez-vous aussi les phrases agréables que vous avez entendues à votre sujet. Si, par exemple, on vous a complimenté pour votre ponctualité, inscrivez-le sur une carte, et ainsi de suite pour chaque capacité repérée. Procédez avec chaque petite carte comme avec des cartes de tarot, tirez-en une différente, au hasard chaque jour et vivez votre journée avec cette énergie-là. Prenez bien conscience au cours de la journée d'être connecté à cette énergie, elle sera pour vous un ancrage positif !

Notez aussi vos plus belles réussites, vos domaines de compétences. Regardez-les très souvent, ils agiront comme un stimulant !

Osez agir

L'action est un élément indispensable dans l'acquisition de la confiance en soi. C'est la répétition d'actions qui procure un sentiment d'efficacité et qui incite à continuer sur sa lancée. Le manque de confiance en soi rend hésitant pour toutes sortes de décisions : déménager, changer d'emploi, affirmer une compétence, etc.

Lancez-vous, osez construire. Agissez de manière concrète : dressez par exemple une liste de toutes les initiatives à prendre dans tous les domaines de votre vie et passez à l'action. Mais procédez par paliers : il faut savoir se ménager des étapes et construire en avançant pas à pas. Une étape réussie est un point d'appui pour la suivante et génère la confiance nécessaire pour s'aventurer plus avant. Songez aux pyramides, elles ont été érigées pierre par pierre...

Commencez par exemple par de petites démarches, fixez-vous des objectifs accessibles de manière à pouvoir les atteindre et avoir la possibilité de réussir. Vous vous stimulerez pour la suite. Puis songez à des objectifs à court terme, à moyen terme, à long terme, et notez-les. Pour toute action, évaluez d'abord la difficulté et la satisfaction avant et après, et pour vous encourager à continuer, récompensez-vous chaque fois que vous avez réussi quelque chose. C'est la somme de petites victoires qui insuffle la confiance.

Changez votre rapport à vous-même

Apprenez à mieux vous connaître. Ne vous fixez pas trop d'injonctions : il faut que, je dois... Entraînez-vous par exemple au cours d'une journée à noter toutes les phrases et les pensées commençant par « je dois, je ne dois pas, il faut que... ». Vous constaterez que les objectifs sont peut-être trop contraignants et trop difficiles à atteindre ; accordez-vous un peu d'indulgence. Certains se malmènent, en exigeant l'impossible, se livrant à une véritable maltraitance à l'égard d'eux-mêmes. Soyez bienveillant avec vous-même, c'est la base pour retrouver confiance. Par exemple, entraînez-vous à recevoir un compliment en disant tout simplement : « Merci, je l'accepte... », plutôt que : « Mais non, ce n'est rien ». Faites-vous plaisir. Apprenez à prendre davantage soin de vous comme si vous vous occupiez de quelqu'un qui vous est très cher.

Affirmez-vous. Si vous pensez que vous êtes incompétent, inintéressant, affirmez-vous au contact des autres, arrêtez de croire qu'ils sont plus doués que vous. Osez exprimer ce que vous ressentez. Dressez une liste de vos besoins et de vos désirs dans tous les domaines de votre vie. Classez-les par ordre de difficulté et commencez par celles que vous surmonterez le plus facilement. Par exemple, si vous désirez obtenir une aide dans tel ou tel domaine, entraînez-vous à faire de vraies demandes. En vous exprimant, vous montrez que vous existez, que vous avez une opinion. Soyez déterminé à faire cette démarche, elle affermira votre confiance en vous.

Pour faire valoir vos désirs et vos besoins, il importe de savoir aussi dire non. Il existe pour cela toutes sortes d'exercices : changer d'avis volontairement, par exemple dans un magasin, et multiplier, momentanément, les refus catégoriques, afin d'authentifier ce que l'on désire vraiment. Dire non permet de préserver sa personnalité et de fixer des limites à autrui.

Dans la vie quotidienne, apprenez à dire « je pense que... », « je crois que... », « je trouve que... », en toute conscience, ainsi que « je me sépare » (ce qui ne signifie pas j'abandonne),

« je progresse »... Ces mots vous positionnent, vous encouragent et vous poussent à l'action. Ouvrez-vous, la confiance attire la confiance ! Lorsqu'on est bien avec soi-même, les autres le ressentent et viennent plus facilement à vous.

Si quelqu'un vous a blessé, osez l'exprimer pour vous faire respecter. Vous pourrez pour cela utiliser l'exercice *Comment formuler des « action-ressenti »* (voir p. 134).

Donnez-vous le droit à l'erreur. Vous avez aussi le droit de vous tromper, de ne pas tout connaître. La solution la plus apaisante passe parfois par une bonne dose d'humour et de légèreté. Dédramatisez l'échec. D'ailleurs, l'échec nous ferait moins peur si nous prenions conscience que c'est toujours l'étape qui précède la réussite. Nous avons appris à marcher en trébuchant souvent, et c'est en tombant que nous avons appris l'équilibre. Faire de nos erreurs une expérience, un apprentissage, est un pas supplémentaire vers la réussite. C'est en pensant rejoindre les Indes que Christophe Colomb découvrit un nouveau monde : l'Amérique.

Améliorez votre image de vous-même. Soignez votre image, votre apparence, votre attitude corporelle aussi. Observez les personnes qui ont confiance en elles. Leur port de tête est altier, elles se tiennent droites, elles sont souriantes et regardent les autres dans les yeux. Pourquoi ne pas adopter leur attitude ? Songez à des personnes que vous admirez pour leur aisance et imitez-les. Soyez attentif à votre posture, à votre respiration. Commencez par vous exercer devant un miroir pour améliorer votre allure. Entraînez-vous à la pratique du *grounding* décrite dans les Applications pratiques (p. 159). Retrouver le contact avec son corps permet de ressentir progressivement davantage d'unité et de sécurité intérieure.

« Pour moi, avoir confiance, c'est me sentir bien dans mes vêtements. Si j'ai un rendez-vous important, je sélectionne à l'avance la tenue que je vais porter, je lui donne un dernier coup de fer, car c'est important pour moi d'être impeccable », dit Cécile.

Dans le même contexte, Claire ira chez le coiffeur, Dorothée préférera acheter un vêtement neuf, Pierre, lui, sélectionnera longuement la couleur de sa cravate. À chacun ses petites manies ou ses rituels pour être bien dans sa peau et paraître au mieux de sa forme. À vous de choisir ce qu'il vous faut pour vous sentir assuré. Faites preuve d'inventivité, de créativité. Soignez votre image, bougez votre corps, accordez-lui de la douceur, dorlotez-le. Nombreux sont les conseillers et coaches en tout genre à proposer leurs services pour mettre le corps en valeur et donner une cohérence à l'apparence. Demandez-leur conseil si vous le jugez utile. Ils vous aideront à renouer avec la confiance en soi.

Faites preuve d'imagination, visualisez. C'est en développant votre capacité à visualiser votre réussite que vous pourrez mettre en œuvre tous les moyens pour y parvenir. La technique de sophrologie qui vous soutiendra dans cette démarche consiste à vous projeter dans la réussite comme si elle était accomplie. Cet entraînement est stimulant pour passer à l'action (voir exercice n° 24 p. 159).

La confiance en soi se structure autour de l'image intérieure que nous avons de nous-mêmes. Cette conscience de soi peut s'acquérir à travers les exercices proposés dans cet ouvrage pour développer une meilleure perception du corps et de soi. En effet, les exercices de relaxation dynamique offrent une perspective de recentrage. Cette qualité de rapport où l'on dialogue avec soi dans le calme intérieur favorise l'assurance et le bien-être. À travers cette écoute attentive, il est possible de se construire un moi suffisamment stable pour faire face aux événements de la vie. Pour les hindouistes, avoir confiance, c'est trouver à travers l'introspection son point d'appui et son équilibre.

« Mon travail d'introspection m'a appris l'art de vivre en bonne intelligence avec moi-même », déclarait Françoise Giroud [1]. Une belle devise pour vivre en toute sérénité cette amitié avec soi et en faire profiter autrui, car si la confiance est au rendez-vous, elle nous remplit d'amour et de vie.

---

1. Françoise Giroud, Bernard-Henri Lévy, *Les Hommes et les femmes*, Olivier Orban, 1993.

Exercice nº 24

Pour favoriser l'estime de soi

Les affirmations positives et la visualisation créatrice constituent un excellent moyen de se créer une image positive.

• Représentez-vous, comme dans un film, dans la situation où quelqu'un vous regarde avec admiration et attention en vous adressant des compliments. Vous êtes spectateur, vous observez tout cela de votre fauteuil.

• Puis d'autres personnes se joignent à elles et renchérissent (si cela vous gêne, continuez tout de même).

• Imaginez-vous à présent sur une estrade, recevant des applaudissements, des témoignages d'amour et d'appréciation.

• Gardez cette image comme une sorte de photographie ou de film que vous vous repasserez régulièrement. [...] Vous pourrez ainsi retrouver toutes les perceptions liées à cette image pour installer la ressource « confiance » lorsqu'il s'agira d'entreprendre une action.

Exercice nº 25

Pour améliorer l'image de son corps : le *grounding*

Être bien dans sa peau et dans son corps est une condition essentielle à l'installation de la confiance en soi.

• En position debout, pieds légèrement écartés, plante des pieds en contact avec le sol, les muscles relâchés, les bras le long du corps, les yeux fermés, la tête droite, sans tension, laissez vos muscles se relâcher totalement.

• Laissez venir les sensations que vous connaissez déjà et qui témoignent de la détente des muscles du visage : le front, les yeux, les joues, les muscles tout autour de la bouche, de la mâchoire. Les épaules sont détendues, légères, les muscles du ventre souples, votre souffle est libre, tranquille, abdominal. Prenez plaisir à écouter votre corps respirer, le bassin se décontracte, les muscles des jambes se détendent, les tendons et les ligaments des genoux sont déliés. [...]

• Trouvez la posture juste, sans tension inutile. La position de votre dos respecte la courbure naturelle de votre colonne. [...] Imaginez une force invisible qui tire le sommet de votre tête vers le haut. [...]

• Portez maintenant votre attention sur vos points d'appui au sol. [...] Sont-ils plutôt sur l'avant ou sur l'arrière de vos pieds ? [...] Plutôt vers l'intérieur ou l'extérieur de vos pieds ? [...] Vos appuis sont-ils stables ? [...]

• Déplacez très lentement votre centre de gravité au-dessus de vos pieds, sentez les changements qui s'opèrent au niveau de vos points d'appui et recherchez la sensation qui vous semble la plus agréable, la mieux adaptée, pour conserver votre équilibre. [...] Prenez votre temps [...] et lorsque vous aurez trouvé les appuis qui vous conviennent, essayez de les garder dans l'immobilité la plus complète possible [...] Expérimentez ce point d'équilibre et dites-vous : « Je suis debout, droit, détendu, j'ai les pieds sur terre. Je prends ma place, j'occupe tout l'espace... Je me sens vivant, bien dans mon corps... » Laissez venir à vous toutes les sensations agréables, sensations de votre corps détendu dont vous percevez la « présence », la forme, le volume. [...]

• Ouvrez les yeux et ressentez bien votre corps, les yeux ouverts sur le monde, sur la vie. [...]

Calmer la douleur

Premier motif de consultation médicale, la douleur est définie comme « une expérience sensorielle et émotionnelle désagréable, en rapport avec une lésion tissulaire réelle ou potentielle ». Selon la fédération européenne de l'ANAES [1], 6 % des Européens souffriraient de douleurs chroniques et 0,8 % de douleurs invalidantes résistant aux traitements habituels. Chargée de représentations, la douleur implique la personne dans toute son histoire, dans tous ses secrets. Vécue d'une façon globale, à la fois sur le plan corporel et sur le plan psychique, elle est inscrite dans le corps, dans les pensées et dans les émotions. C'est donc tout l'être qui souffre, dans ses dimensions aussi bien somatiques, affectives que cognitives. La douleur constitue de ce fait une réelle menace pour l'intégrité tant physique que psychique ; aussi faut-il briser le cercle infernal douleur–mal-être–stress. C'est en comprenant les causes de la douleur et ses différents aspects qu'il sera possible de déterminer le traitement approprié.

1. Agence nationale d'accréditation et d'évaluation de la douleur, 159, rue Nationale, 75610 Paris Cedex 13.

Comment le cerveau réagit-il en cas de douleur ?

La douleur est perçue à travers le cortex cérébral. C'est lui qui la mémorise et élabore une stratégie pour y échapper (par exemple retirer la main en cas de brûlure). Plusieurs étapes se succèdent :

– la perception et la localisation de la sensation douloureuse par l'intermédiaire du cortex pariétal ;

– l'identification de cette sensation par le cortex frontal ;

– la mémorisation et la recherche dans le passé d'une douleur comparable par l'intermédiaire du cortex temporal ;

– la compréhension du phénomène douloureux pour y faire face ;

– l'apparition d'anxiété.

Chaque personne réagit en fonction de ses facultés d'adaptation, de son expérience, des douleurs passées, de son éducation et de sa culture.

Mesurer la douleur

De nombreuses expériences ont permis de comprendre la grande différence de tolérance à la douleur d'une personne à une autre. Si la douleur n'est pas mesurable comme la tension artérielle, son évaluation est cependant indispensable au choix d'un traitement adapté. Désormais, divers outils d'évaluation mis au point par l'ANAES permettent d'apprécier l'amplitude du vécu douloureux. Il existe ainsi plusieurs échelles ou « réglettes de douleurs » visuelles où figurent, le long d'une ligne droite, les degrés d'intensité de la douleur. Le malade choisira sur la réglette la position qui correspond le mieux à ce qu'il ressent. D'autres moyens d'évaluation (tests, questionnaires) invitent le patient à fournir une description qualitative très précise de sa douleur.

La souffrance quotidienne est une effraction à plusieurs degrés de la personnalité, tant au niveau des sensations ressenties qu'aux niveaux relationnel, professionnel et social, avec un risque de marginalisation. La douleur comprend quatre composantes servant de références actuelles dans les centres et consultations antidouleur.

La composante sensorielle, qui correspond aux sensations décrites (décharges électriques, piqûres, brûlures, étau, fourmillements), à leur intensité (faible, modérée, forte), leur durée (permanente, répétitive, intensive) et leur localisation.

La composante émotionnelle, partie intégrante de l'expérience douloureuse, est fonction de l'importance de la souffrance, de sa durée et de la structure de la personne. La durée de la douleur a des répercussions émotionnelles et psychologiques indéniables (fatigue, troubles du sommeil, désœuvrement lié à l'inactivité). Elle confère une tonalité désagréable, parfois insupportable, qui peut engendrer des états d'anxiété et de dépression. Souvent, ce n'est pas la douleur elle-même qui provoque l'angoisse, mais le mal-être intérieur qui peut s'exprimer par la douleur ou l'intensifier.

La composante cognitive correspond aux processus mentaux mis en place. C'est à ce niveau qu'intervient la mémoire des expériences traumatiques du passé et le sens que chacun attribue à la douleur. En effet, certains antécédents (mauvais traitements, expériences pénibles) laissent des traces dans la psyché et sont susceptibles de se traduire par des symptômes corporels douloureux.

La composante comportementale se rapporte à l'ensemble des manifestations verbales et non verbales : il s'agit de paroles, de plaintes, de gémissements, de pleurs, d'attitudes corporelles spécifiques et de diverses réactions observées.

Douleurs aiguës ou douleurs chroniques

Une douleur aiguë peut être légère, transitoire et disparaître rapidement, comme une piqûre d'insecte ; et elle peut être intense et durer plus longtemps, comme une brûlure, un choc ou une douleur dentaire. Elle est un signal d'alarme qui requiert la mise en place d'un système de défense et de protection de l'organisme. Une douleur devient chronique lorsqu'elle persiste au-delà de six mois et ne répond à aucun traitement usuel. La douleur chronique conduit à l'anxiété, à la dépression et à l'insomnie, et elle en accentue les composantes physiques.

Douleurs physiques, douleurs psychiques

On distingue deux types de douleurs qui peuvent bien sûr être associées :
– celle dont la composante principale est organique ;
– celle dont la composante principale est psychique.

Il est parfois difficile de faire la part de chacune d'entre elles car la douleur provoque stress et mal-être qui accentuent la souffrance.

La douleur d'origine physique

Elle est décrite comme *une sensation pénible en un point du corps* (extérieur ou intérieur). La douleur physique s'accompagne de troubles de l'humeur, du sommeil, de l'appétit, de la libido, de la concentration. Le malade devient irritable, anxieux, il voit ses repères changer, son image corporelle se modifier, ses relations avec l'entourage se détériorer, et ses réactions face aux événements sont perturbées. Il guette l'accès douloureux, la zone algique est surinvestie et devient sa seule préoccupation. La peur d'amplifier la douleur empêche le mouvement et fige le malade dans l'inertie. Si la douleur organique n'est pas soulagée, elle peut l'amener à se recroqueviller sur lui-même. C'est parce que sa douleur est infiltrée par l'angoisse et l'épuisement qu'il risque de devenir dépressif.

La douleur d'origine psychique

Elle est définie comme *un sentiment ou une émotion pénible résultant de l'insatisfaction des désirs et besoins.* Dans la douleur dont la composante est psychique, bien souvent, au début, le lien avec des facteurs psychologiques est dénié. Certaines personnes multiplient les examens médicaux (radios, scanners, IRM, analyses, etc.), et vont même jusqu'à tenter une intervention chirurgicale. Et pourtant la douleur persiste, lancinante, elle est une menace d'autant plus lourde qu'elle demeure inexpliquée, personne n'ayant réussi à lui trouver une cause. Il importe de déchiffrer ce qui se joue derrière ce message dont le code d'accès si complexe traduit une réelle souffrance, et d'écouter si « avoir mal » signifie « être mal ». Nombreux sont en effet les facteurs de vulnérabilité psychique qui potentialisent le phénomène douloureux.

Pour Milton Erickson [1], célèbre psychothérapeute, nous souffrons avec « un tiers de douleurs du passé, un tiers de douleurs présentes, un tiers de douleurs du futur » ; c'est dire combien notre douleur est infiltrée par notre histoire et notre personnalité.

De nombreuses études ont révélé qu'un certain nombre de personnes se plaignant de douleurs chroniques (musculaires et articulaires) relataient une enfance rigide, sans plaisir ; d'autres avaient vécu des expériences précoces traumatisantes : deuil, perte, séparation, divorce, abandon, maltraitance ; d'autres encore, qui n'avaient pas été suffisamment entourées, maternées, touchées, souffraient d'une fragilité de leur enveloppe corporelle. La douleur vient ici pallier un sentiment d'existence défaillant : « Je souffre donc je suis ou j'existe » devient le seul mode d'expression possible. Pour Didier Anzieu [2], « la douleur est une sorte d'enveloppe réelle de souffrance, témoignage d'une douleur indicible, celle d'un “manque à être”. La répétition et l'accumulation des expériences traumatiques (de violences, d'abus, de sévices) entravent le processus de construction identitaire et fragilisent l'enveloppe psychique ». Plus les traumatismes se sont répétés dans la prime enfance, plus ils risquent de se réactualiser dans la douleur.

1. Jay Haley, *Un thérapeute hors du commun,* Desclée de Brouwer, 1995.

2. *Le Moi-peau*, Dunod, 1995.

Quels mots sur quels maux ?

La douleur nous parle souvent sur plusieurs registres, aussi importe-t-il de l'appréhender dans une vision globale : facteurs génétiques, psycho-affectifs, sociaux, terrain de prédisposition...

Chez la personne âgée, la douleur est à entendre à plusieurs niveaux. La plupart du temps, elle vit une situation d'isolement et de vide relationnel imposée. Le décès du conjoint, la perte de revenus, de statut social, le départ des enfants, les déménagements, le placement en maison de retraite, la perte de l'autonomie, mais aussi la dépression sont des facteurs qui contribuent à la chronicité de la douleur. Celle-ci peut aussi lui servir de moyen d'expression en participant à la réorganisation de sa relation avec autrui, elle permet de maintenir un lien avec l'extérieur, avec le monde. L'« objet douleur » peut être entendu comme une quête de soins, et il y a souvent une réelle avidité dans la demande, qui peut être aussi un facteur de liaison pour maintenir le contact avec la vie.

Chez l'enfant, la douleur rebelle est souvent le reflet d'un symptôme familial. Elle révèle un dysfonctionnement plus global au sein de la famille, se faisant alors le « porte-étendard » de la problématique familiale.

Pour décoder la souffrance cachée, il faut trouver quel type de conflit est à l'œuvre et quelles défenses sont mises en jeu afin de pouvoir mettre en mots ce qui s'est inscrit dans le corps.

Du bénéfice secondaire de la douleur

Certaines personnes retireraient un avantage inconscient à entretenir une douleur ou un symptôme : c'est ce que l'on constate dans les douleurs dites rebelles qui résistent à tout traitement. La douleur s'inscrivant toujours dans le cadre de la relation à l'autre, on peut considérer qu'elle permet au malade d'obtenir ce que l'on pourrait appeler des « bénéfices ». Cette « fuite » dans la maladie est en liaison avec les satisfactions que l'individu en retire.

Aline confie : « Comme mon conjoint me voit souffrir, il est devenu plus gentil avec moi, et mes enfants me téléphonent chaque jour ; tout le monde s'occupe de moi. »

Christophe bénéficie, grâce à sa maladie, d'un reclassement dans son entreprise qui lui procure de nombreux nouveaux avantages. « Ici, tout le monde est à mes petits soins, comme si j'étais un enfant », dit-il.

Carl Simonton [1] explique que si la maladie implique souffrance et angoisse, elle résout aussi bien des problèmes dans la vie des gens. Elle agit comme un « faciliteur », un donneur de permission, en permettant des comportements qu'on ne s'autoriserait pas normalement. La maladie lève la censure et suspend un certain nombre d'attitudes. Tomber malade devient alors le seul moyen acceptable pour se décharger du poids de certaines responsabilités et s'occuper de soi sans culpabilité.

---

1. *Guérir envers et contre tout*, Desclée de Brouwer, 1990.

Les bénéfices obtenus sont dits *primaires* lorsque la douleur favorise la diminution de l'anxiété. Elle doit être comprise comme une véritable économie psychique dont les enjeux sont la recherche d'une sécurité de base ou la mise en place d'un équilibre adaptatif.

Les bénéfices sont dits *secondaires* lorsque la douleur permet de capter l'attention des proches et d'obtenir d'eux des satisfactions plus ou moins détournées, plus ou moins inconscientes.

La douleur rebelle peut donc avoir une fonction identitaire ou protectrice pour la psyché. Elle peut constituer une muraille défensive qui empêche de se poser de vraies questions, un moyen de maintenir un climat de dépendance ou, dans certains cas, un rempart pour éviter toute irruption d'une pathologie plus grave. Elle permet de rétablir les frontières dedans/dehors, entre le « moi » et les « autres », face à ce que les psychanalystes nomment l'angoisse de morcellement. En effet, lorsqu'une personne, du fait de carences affectives, présente une fragilité psychologique dans laquelle la psyché n'est pas suffisamment solide pour faire face, la douleur constituerait une sorte de défense contre la désorganisation et l'apparition d'une psychose, d'un délire.

C'est en écoutant attentivement la plainte de certains malades et leur histoire que l'on parvient à déceler ces bénéfices qui pérennisent la douleur.

Comment maîtriser la douleur ?

De l'antalgique à l'électro-stimulation, en passant par les médecines manuelles, le thermalisme, l'hydrologie, les médecines douces – comme l'homéopathie, la mésothérapie, l'acupuncture, l'ostéopathie, l'étiopathie, la phytothérapie – la prise en charge dans un centre antidouleur ou encore la psychothérapie, il existe un large éventail de traitements et d'orientations pour venir à bout d'une souffrance. Aussi est-il nécessaire de sortir de votre isolement et de consulter votre médecin traitant qui vous aidera à choisir un traitement adéquat en fonction de votre problématique (pharmacothérapie ou médecines douces).

Ne perdons pas de vue que la douleur est avant tout un message, un signal d'alarme, et qu'elle nécessite d'être écoutée, entendue. L'écoute et la prise en considération de la douleur réduisent également l'écho de l'anxiété et de la dépression de la plainte somatique. Un soutien affectif, émotionnel, médical est réellement utile. Quelquefois, le désarroi face à la douleur est tel que l'on est prêt à frapper à toutes les portes et à entreprendre n'importe quelle démarche pour soulager sa souffrance. Gardons-nous d'accorder une trop grande crédulité aux discours de toutes sortes de gourous proposant des programmes prétendument de guérison, au détriment de traitements thérapeutiques classiques lorsqu'ils se révèlent nécessaires.

Donner sens à la maladie en se cachant derrière une interprétation sauvage ou hâtive, ou encore en avalant une profusion de médicaments, sans effectuer un réel travail sur soi ou sans chercher à comprendre, risque de nous faire passer à côté de l'essentiel.

Du bon usage de la sophrologie et de la relaxation

De nombreuses études ont montré que les techniques de relaxation procuraient une diminution de l'anxiété et un relâchement de la tension musculaire. L'inquiétude caractérisant le sujet anxieux perd, au cours des séances, son caractère permanent et les tensions se dénouent au fil des entraînements. La relaxation favorise la mise en ondes alpha (état de déconnexion et de relaxation) qui produit un effet régénérant sur le cerveau. Par la mobilisation du système parasympathique, elle entraîne une conscience de son corps accrue et une meilleure unité corps-mental.

• **La relaxation** vise à apaiser les émotions et agit aussi sur la composante musculaire : c'est une étape importante pour sortir du cercle de la peur et de l'angoisse. L'état de conscience modifié qu'elle induit permet de ralentir le rythme cardiaque et l'ensemble du métabolisme, de diminuer la pression sanguine et de réduire les tensions musculaires. Cette détente corporelle associée aux exercices de respiration et de visualisation crée petit à petit une détente mentale qui facilite le travail de régénération de l'organisme et permet de diminuer la pathologie douloureuse.

Cette approche à travers le souffle assure aussi un meilleur ancrage du corps. Les effets bénéfiques des exercices respiratoires sur la douleur sont bien connus depuis l'élaboration des cours de préparation à l'accouchement. Tous les types de respiration (que vous trouverez dans les Applications pratiques p. 175 et sur le CD accompagnant ce livre) permettent d'atténuer l'intensité d'une douleur.

Le processus de régression induit par la relaxation favorise aussi l'émergence de sensations nouvelles. On abandonne peu à peu ses défenses pour laisser parler le corps, on se concentre sur la détente corporelle en se déconnectant du monde extérieur et l'on expérimente le plaisir et le bien-être qu'elle procure. Ces représentations permettent d'intégrer un vécu corporel différent, les angoisses s'estompent et la douleur diminue. Ce regard sur soi favorise une autre relation à son corps et une nouvelle conscience de soi.

• La méthode de contrôle de la douleur en sophrologie consiste à utiliser l'imagerie thérapeutique. Quand on souhaite par exemple soulager une crise d'asthme, on imagine les passages bloqués se dilater et laisser l'air circuler.

• Une autre méthode utilisée est **la technique de focalisation sur la douleur**. Pourquoi le fait de se concentrer sur un endroit douloureux permet-il de soulager le malaise ? En fait, une grande part de la souffrance provient de la tension musculaire par laquelle nous réagissons. Lorsque nous nous détendons et que nous concentrons notre attention sur le point douloureux, nous le faisons sans tension et cela suffit parfois à en réduire l'intensité. Par ailleurs, en nous concentrant totalement sur la douleur, nous l'affrontons directement et, psychologiquement, elle devient plus supportable. En l'affrontant par la relaxation, nous en réduisons l'impact émotionnel (voir Applications pratiques, exercice n° 27, p. 176).

• Une autre technique consiste à **entrer en communication avec « son guérisseur interne »**, à l'interroger, à lui demander conseil (voir Applications pratiques, exercice n° 28, p. 177). Il s'agit d'entrer en contact avec votre état intérieur et vos processus organiques. Ce procédé a été expérimenté au Health Center de Bolinas, en Californie, où des thérapeutes ont fait part de leurs expériences pour aider les personnes à recouvrer la santé. Ce conseiller interne est la partie de vous-même qui peut vous orienter, vous aider à reconnaître ce que consciemment vous refusez d'admettre. Il peut nous avertir de nos comportements autodestructeurs, c'est lui qui coordonne la lutte contre les agents de stress externes. Il a accumulé toute la sagesse nécessaire pour nous orienter vers les bonnes réponses.

Ce dialogue intérieur est une façon efficace de s'entraîner au contrôle de soi et d'affronter les forces de la maladie. Il existe en effet des forces négatives – ce que Jung nomme notre « part d'ombre » – qui exercent une influence néfaste et que nous avons tendance à ignorer. Il s'agit de prendre conscience de l'influence de ces forces pour comprendre ce dont vous avez besoin pour guérir. Un grand nombre de nos douleurs peuvent être allégées si nous sommes à l'écoute de nos vrais besoins.

• **Le training autogène.** Voir p. 175.

• **La visualisation.** « Tout malade qui se bat est un malade qui guérit », déclare C. Simonton. Travaillant auprès de patients atteints de cancer, il a remarqué que ceux qui avaient une motivation réelle pour rester en vie se battaient et obtenaient des résultats supérieurs à ceux dont l'attitude était plutôt passive et défaitiste. À partir de ces constatations, il développa une technique imaginative où le patient, en relaxation profonde, essayait trois fois par jour durant quinze minutes, d'influencer ses forces de résistance naturelle. La thérapie consiste à imaginer son système immunologique fonctionnant de mieux en mieux. Effectivement, après un certain temps d'entraînement régulier, de rayons et de chimiothérapie, les résultats furent encourageants : le poids du corps augmentait, les forces revenaient, les symptômes cancéreux disparaissaient.

L'action du psychisme sur le processus de régénération tissulaire est intellectuellement difficile à admettre. Elle est pourtant utilisée avec succès aujourd'hui dans les centres anticancéreux. L'imagerie mentale est d'ailleurs largement utilisée en sophrologie, étant entendu que cette technique n'est qu'un adjuvant à l'arsenal thérapeutique classique indispensable en matière de cancer.

Guérir...

La douleur a pour finalité de nous avertir que l'intégrité de l'organisme est menacé. Aussi importe-t-il de comprendre ce qui a pu conduire à tel ou tel type de mal-être, de douleur ou de symptôme. Pour cela, il nous faut être prêts à nous accorder suffisamment d'attention et accepter d'opérer les changements nécessaires, afin de recouvrer santé et bien-être et de se réinvestir dans des projets de vie.

Exercice n° 26

Pour substituer à la douleur des sensations agréables : le training autogène

• Isolez-vous, en position assise ou allongée.

• Répétez-vous mentalement : « Je suis calme, tout à fait calme. »

• Vous pouvez, pour approfondir votre calme, visualiser par exemple une scène paisible, un paysage que vous aimez, susceptible d'entraîner chez vous une impression de grande détente : mer, montagne, campagne...

• *Mon bras droit est lourd... très lourd... de plus en plus lourd* (à répéter plusieurs fois mentalement). Si vous êtes droitier, commencez par ressentir ces perceptions dans votre bras droit et, si vous êtes gaucher, dans votre bras gauche.

• *Mon bras gauche est lourd... très lourd...* (à répéter plusieurs fois). Ressentez ces mêmes perceptions de lourdeur dans votre bras gauche.

• *Mes deux bras sont lourds, très lourds* (*idem*, à répéter jusqu'à ce que vous ressentiez parfaitement cette sensation de lourdeur dans vos deux bras).

• Entraînez-vous par exemple durant une quinzaine de jours uniquement sur la sensation de lourdeur trois fois cinq minutes par jour. Puis, lorsque vous aurez parfaitement ressenti la lourdeur, vous intégrerez la chaleur :

• *Ma main droite est chaude, très chaude* (à répéter plusieurs fois).

• *Ma main gauche est chaude, très chaude (idem).*

• *Mes deux mains sont chaudes, très chaudes.*

• Entraînez-vous à nouveau durant une quinzaine de jours sur la lourdeur et la chaleur.

• Puis ajoutez et ressentez : *mon cœur bat, calme et régulier.* Imaginez que vous entendez les battements calmes et réguliers de votre cœur.

• *Ma respiration est calme.* Pendant quelques minutes, mettez-vous à l'écoute de votre respiration calme. À présent, votre respiration est calme, abdominale, c'est le signe de la détente.

• *Mon plexus solaire est chaud et cette chaleur se transmet à tout mon corps, excepté mon front qui reste agréablement frais. Je suis calme.*

Cette technique nécessite une certaine autonomie. Si vous éprouvez des difficultés, vous pourrez par exemple écouter le CD d'accompagnement sur lequel cette séance a été enregistrée.

Exercice n° 27

Travail de focalisation et de visualisation pour apaiser la douleur

• Installez-vous confortablement, assis ou allongé.

• Fermez les yeux et concentrez toute votre attention sur la partie douloureuse de votre corps. Situez bien la zone douloureuse.

• Il s'agit de rester focalisé sur votre douleur et de vous poser les questions suivantes :

1) en respectant leur ordre

2) en prenant tout votre temps pour y répondre avec le maximum de précision :

– quelle **forme** a cette douleur ?

– quelle est sa **couleur** ?

– quelle est sa **taille** ? (Concentrez-vous jusqu'à lui donner une dimension précise en centimètres)

– quelle **sensation** (lourdeur, pincements, lancements, étau...) ?

Puis recommencez : forme ? couleur ? taille ? sensation ?

Vous pourrez constater que la douleur changera de forme, de couleur (ou de nuance), de taille (elle deviendra de plus en plus petite).

Cette technique de diversion permet de détourner l'attention de la sensation douloureuse.

Exercice n° 28

Dialoguer avec son guérisseur interne et décoder le sens de la maladie

• Commencez par vous mettre en état de relaxation comme vous avez appris à le faire en détendant toutes les parties de votre corps.

• Passez quelques instants à vous relaxer et à jouir de cet état physique. [...]

• Quand vous êtes parfaitement détendu, visualisez un endroit (réel ou imaginaire) que vous aimez particulièrement. Appréciez la paix que vous procure cet endroit (peut être une plagc, unc montagne, un paysage à la campagne). Créez une image de cet endroit en y associant le plus de perceptions possibles. Examinez en détail l'environnement, humez l'air, percevez les bruits autour de vous.

• Profitez de cet endroit paisible jusqu'à ce que vous soyez totalement décontracté.

• Installez-vous profondément dans cette détente. Au loin, vous apercevez une personne qui se dirige vers vous. Vous sentez que c'est quelqu'un d'extrêmement bienveillant, il est accueillant, souriant [...] détendu [...] et vous inspire une grande confiance [...] Vous pouvez l'appeler votre guide intérieur. Laissez-le venir doucement vers vous. Bien sûr, il vous faut être réceptif à ce processus.

• Puis, en toute confiance, communiquez-lui tout ce que vous avez envie de lui dire. Vous pouvez lui poser des questions, lui demander conseil, lui demander de vous aider à trouver une solution, une réponse à votre douleur. Pourquoi est-elle là, qu'a-t-elle à vous dire ?

• Écoutez ses réponses, ses conseils [...] Il sait ce qui est bon pour vous. Il est là pour vous aider, vous éclairer sur votre chemin [...] Il représente la partie inconsciente de vous qui vous indiquera comment vivre plus sainement, avec le maximum d'énergie et de vitalité.

• À présent, prenez congé de votre guide, sachant que vous pourrez le retrouver à nouveau chaque fois que vous le souhaiterez.

• Retrouvez tout le tonus nécessaire afin de sortir de votre état de relaxation. Bougez votre corps en prenant aussi conscience de votre respiration.

Mieux mincir

Considérée comme le marqueur d'une certaine forme d'identité sociale, la minceur est pour un grand nombre d'entre nous une préoccupation majeure. Maigrir, être mince, est une obsession qui, au prix d'efforts démesurés et d'impitoyables régimes, tend à s'uniformiser.

Pour perdre nos kilos superflus, nous sommes naturellement enclins à croire aux recettes miracles. On estime que 75 % des personnes qui tentent de maigrir n'y parviennent pas durablement. Abonnées au « yo-yo » : maigrir-regrossir, elles atteignent le poids qu'elles se sont fixé mais reprennent ensuite plus de kilos qu'elles n'en ont perdu. Le renforcement du culte de la minceur vise le plus souvent un idéal tyrannique. En nous enfermant dans un processus d'aliénation accompagné d'une alimentation impersonnelle, moralisatrice, semée d'interdits, il conduit à l'aggravation du terrorisme alimentaire sous toutes ses formes et mène droit à l'échec. Difficile en effet de tenir un régime à long terme : en restriction alimentaire, on lutte en permanence, puis on finit par craquer en cédant à nos fringales et à nos pulsions de sucre. Traiter les problèmes de poids uniquement par les régimes est un leurre, car de nombreux facteurs interviennent et la réponse au surpoids ne peut être univoque et stéréotypée. Il nous faut en effet tenir compte de la diversité des réalités individuelles aussi bien physiques, affectives qu'émotionnelles.

Corps en souffrance

Douze pour cent des femmes[1] en surpoids affichent une véritable souffrance par rapport à leur corps. Dans la grande majorité, elles se jugent avec une extrême sévérité face à leur incapacité à se contrôler et à gérer leur poids. Si 20 % des femmes adoptent une position résignée face à leur silhouette qu'elles estiment imparfaite, la plupart reconnaissent ne pas parvenir à maîtriser leur ligne. Alternant culpabilité et déni de leurs rondeurs, leur attitude est assez ambivalente.

Quel que soit le nombre de kilos à perdre, le malaise est ressenti au niveau de l'image du corps avec une tendance à l'autodépréciation et à l'insatisfaction permanente. Le corps est perçu comme trop gros, trop lourd, comme un ennemi à combattre. Certaines personnes entretiennent tout un vécu de haine, de honte par rapport à leur physique, d'autres pensent même ne pas mériter d'atteindre leur poids idéal.

> « Le regard de ma mère était le plus cruel des miroirs, dit Marion. "Tu dois faire attention, tu es trop grosse", n'a-t-elle cessé de me répéter durant toute mon adolescence. Depuis l'âge de 14 ans, mon poids varie entre 55 et 80 kg, je n'arrête pas de faire l'accordéon, je déteste mon corps et me sens coupable de le laisser grossir. Comment s'aimer lorsque les kilos s'accumulent ? » demande-t-elle.

---

1. D'après l'enquête Ocha/CSA réalisée auprès de mille Françaises de 18 à 65 ans, en juin 2003.

À l'occasion d'un colloque intitulé « Corps de femmes sous influence »[1], rassemblant chercheurs, sociologues et médecins, une vaste enquête a abouti à certaines conclusions donnant la mesure de l'amour à gagner : seules 14 % des Françaises se sentent vraiment complices de leur corps. Pour toutes les autres, la relation est houleuse, voire douloureuse. Ainsi, 37 % des femmes oscillent périodiquement entre amour et désamour ; 20 % confessent un rapport « résigné » et une passivité envers des formes qui pourtant ne les satisfont pas ; 16 % traitent leur corps comme un capital beauté, un objet de soins, de maîtrise et de discipline, mais rarement de plaisir, et 12 % évoquent un corps en souffrance, en proie à d'infernaux régimes et tentatives de transformation ou d'expérimentations multiples.

Volonté de maîtrise, de contrôle de soi, peur de l'échec, sentiment de culpabilité, c'est en grande partie le corps, confirme cette enquête, qui porte le poids de tous nos maux et de toutes nos exigences.

Derrière la demande...

La focalisation sur le poids, sur le corps, se révèle souvent être un symptôme bouc émissaire et constituer un vrai langage. Il est important de décoder où se situe la demande, car derrière l'exigence de perte de poids, on décèle souvent une plainte dont l'origine est plus psycho-affective. Mincir n'est pas toujours simple et les résistances à la perte de poids sont légion :

1. Mené par l'Ocha (Observatoire Cidil des habitudes alimentaires), juin 2003.

Malgré ses nombreuses tentatives, Katia n'arrive pas à se départir de ses kilos en trop. Pour elle, mincir, c'est risquer gros ! Son corps la soutient et lui sert de protection face aux agressions extérieures. « Certains jours, j'ai besoin de cette grosse carapace, elle me protège contre le dehors », dit-elle. Elle se remplit de nourriture pour renforcer sa stabilité interne, ce qui est une stratégie vouée à l'échec.

Un corps enrobé peut servir de rempart, de bouclier contre le vide, la solitude, l'angoisse. Absorbée de façon anarchique, la nourriture répond à toutes sortes de mécanismes de défense face à nos angoisses, à nos ruptures et à nos peurs. Elle sert d'écran ou d'alibi pour exprimer un tourment, une détresse innommable, un trouble au niveau de l'image du corps, ou encore un échec, une frustration sentimentale, affective ou professionnelle.

Marjorie le traduit d'ailleurs assez clairement : « Mon mari m'ignore, il ne me regarde même plus. Alors, par dépit, je mange pour me réconforter ! »

En devenant un moyen de consolation, la nourriture représente la « faim de l'autre », elle est ici le substitut au manque d'amour. Il s'agit là avant tout de donner du sens au silence qui masque ce qui n'a jamais pu être formulé et que l'on recouvre avec une couche de nourriture.

Armelle grignote toute la journée, sans jamais faire de repas structuré. « C'est pour calmer mon stress », dit-elle.

Le stress est souvent responsable de nos kilos en trop et de nos anarchies alimentaires, en méconnaissance de nos besoins réels. La tension est un facteur majeur qui conduit aux excès alimentaires compulsifs. Nous y réagissons fréquemment en nous réconfortant avec des aliments riches en glucides et en lipides, comme le chocolat, les gâteaux, les biscuits. La nourriture sert de gratification à une situation stressante ou à un état émotionnel pénible. Sous l'effet d'émotions fortes, certaines personnes mangent de façon totalement immodérée. Elles dévorent quand tout va mal, comme pour se consoler. Ce thème a d'ailleurs été largement développé dans mes précédents ouvrages (voir Bibliographie, p. 241).

La confusion des besoins

Abraham Maslow, un psychologue américain, a développé une théorie de la hiérarchie des besoins. Pour lui, chaque être est animé par la recherche de la satisfaction de ses besoins. Ceux-ci sont universels, nous les exprimons tous au cours de notre existence, quels que soient nos origines, notre âge, notre sexe et notre expérience. Il les classe en cinq catégories :

– les besoins physiologiques : manger, boire, respirer ;
– le besoin de sécurité (protection morale et physique) ;
– les besoins de repos, de loisirs ;
– le besoin d'affection. Nous ressentons pratiquement tous la nécessité d'être aimés par nos proches, d'être acceptés par nos pairs et par les membres de notre communauté ;
– le besoin de reconnaissance, d'estime et de réalisation de soi : ce besoin est rattaché au désir de réussite, de mérite, de compétence, de confiance en soi face aux autres, d'indépendance et de liberté. Nous avons tous le souci d'être reconnus et appréciés. Quand ce besoin est satisfait, nous en ressentons du plaisir et une confiance suffisante qui nous

poussent à l'action ; dans le cas contraire, il peut en résulter différents complexes.

Si nous omettons de combler, par exemple, notre besoin de repos, un autre besoin risque de se renforcer, de se décupler même, au point de devenir aigu et d'entraîner des déséquilibres de plus en plus flagrants. La plupart du temps, nous sommes dans la confusion de nos besoins. Face à la fatigue ou à la colère que nous ne pouvons ni décharger ni nous autoriser à entendre, nous nous dopons avec des barres chocolatées pour mieux la calfeutrer, nous nous remplissons de nourriture. Il arrive que des émotions trop envahissantes nous empêchent de percevoir la satiété, et notre faim se révèle alors impossible à satisfaire. C'est l'absence de réponse appropriée qui aboutit à la confusion et qui, la plupart du temps, nous fait basculer dans une alimentation anarchique. Il importe de prendre le recul nécessaire et d'analyser la nature de notre faim, de savoir ce que nous demandons vraiment à la nourriture. Peur de l'abandon, besoin de sécurité, de reconnaissance, désir d'amour, la nourriture est souvent un pansement à toutes nos frustrations, une sorte de pseudo-jouissance immédiate qui viendrait se substituer au besoin essentiel que nous anesthésions. Elle renvoie aussi à l'avidité du nourrisson, à la régression orale marquée par l'intolérance au manque et au besoin de satisfaction immédiate.

Chaque fois qu'un besoin est insatisfait, il correspond à une émotion que l'on réprime. Colère, tension, tristesse, peur, honte sont souvent des émotions difficiles à exprimer ; nous nous les camouflons alors par toutes sortes d'excès alimentaires.

« Dès que j'ai des soucis, je mange pour oublier et tenir le coup, je me remplis, je prends du poids et c'est l'engrenage », raconte Alexis.

« Moi, c'est pareil, alors je me sens coupable de ne pas me retenir et je me dis que je ne mérite pas de maigrir », dit Virginie.

Certains se remplissent avec de la nourriture, d'autres avec des biens matériels souvent achetés de façon compulsive, d'autres multiplient les conquêtes amoureuses. Ceux qui, comme Simone, ont été dépossédés d'une véritable enfance, peuvent chercher alors un réconfort dans la nourriture qui vient compenser leur besoin de sécurité et d'amour.

Simone est l'aînée de trois enfants. Enfant, elle n'a pas appris à satisfaire ses propres besoins. Très tôt, il lui a fallu s'occuper de ses petits frères pour remplacer sa mère dépressive, souvent hospitalisée. Son père a quitté le foyer conjugal lorsqu'elle avait 5 ans. Les bonbons et les sucreries dont elle se délectait en cachette lui mettaient du baume au cœur.

L'envie de manger de façon anarchique, compulsive, désordonnée, correspond la plupart du temps à un besoin inassouvi. Mais un besoin ne peut être remplacé par un autre et se remplir de nourriture pour renforcer sa stabilité interne est illusoire et provisoire.

La découverte de vos vrais besoins

La plupart des personnes en surpoids mangent sans réellement ressentir leurs vrais besoins. Faim, plaisir, émotions, tout est lié. Elles perçoivent difficilement quand il faut s'arrêter, et lorsqu'il est trop tard, elles se sentent coupables et repartent à nouveau dans le cercle infernal de l'hypercontrôle. Lorsque vous mangez de façon anarchique, réfléchissez aux questions suivantes :

• Pourquoi mangez-vous ?

• Avez-vous faim ?

• Si ce n'est pas la faim, qu'est-ce que c'est ?

• Pouvez-vous mettre en évidence une émotion que vous ressentez (colère, tristesse, ennui, peur, etc.) ?

• Quel est le besoin qui correspond à cette émotion ?

• S'agit-il d'un besoin physiologique ou êtes-vous en train de mettre au jour un autre besoin (amour, sécurité, reconnaissance, etc.) ?

• Quel est celui qui est en jeu ?

• Nommez-le et cherchez comment vous pouvez le combler autrement qu'en mangeant.

L'honnêteté vis-à-vis de soi-même joue un rôle essentiel. Vous remarquerez que votre compulsion alimentaire est une façon de fuir la réalité profonde, celle que l'on refuse de regarder en face. Rester à l'écoute de vos besoins vous obligera à agir, peut-être à prendre des risques, à formuler de vraies demandes et à changer votre mode de fonctionnement.

Certains, dans l'enfance, ont appris à taire leurs besoins et, de ce fait, sont incapables de les percevoir et de les exprimer ; d'autres attendent qu'on les devine. La satisfaction des besoins n'est pas innée, elle nous oblige à sortir d'une position d'attente passive pour chercher activement la réponse adéquate. Si vous constatez par exemple derrière une colère non exprimée et ravalée un besoin de reconnaissance non satisfait, réfléchissez à la manière la plus consciente de lui donner satisfaction. Cela vous conduira peut-être à changer de position, d'environnement, de stratégie. Au lieu de constituer une source de tension, le besoin peut devenir un moteur d'évolution. Si, derrière une situation qui vous angoisse, vous détectez qu'il vous faut simplement une écoute rassurante ou d'un encouragement, pourquoi ne pas le solliciter ? Quelle que soit votre situation, vous trouverez toujours un réconfort auprès d'amis qui vous sont chers. Il suffit d'oser demander.

Les réponses adaptées à vos besoins

Pour mincir et garder son poids de forme, il faut intervenir sur plusieurs paramètres. Il ne s'agit pas de réduire anormalement l'alimentation en se privant, mais d'élucider en priorité pourquoi nous avons pris du poids. Mincir requiert donc un travail de fond, de longue haleine. Au-delà du comportement alimentaire, c'est l'ensemble de ses habitudes et son mode de vie qu'il faut modifier. Cette nouvelle approche sous-entend un certain cheminement, c'est un processus qui exige du temps et de la patience pour comprendre et résoudre nos conflits, ainsi que nous défaire de la culpabilité qui nous assaille, afin d'apprendre à faire la paix avec cette partie de nous-mêmes qui nous incite au dérapage et au sabotage, et de mettre les bons mots sur de vrais désirs. Souvent, cette réflexion amène d'ailleurs à une prise en charge plus globale.

Pour découvrir nos propres réponses, acceptons aussi de vivre en amitié avec notre corps car, à force de le voir grossir, nous finissons par le haïr. Faire la paix avec son corps ne signifie pas abdiquer, mais l'écouter, se réconcilier avec lui, plutôt que de continuer à le malmener. Nous n'avons pas tous les mêmes mensurations, la même couleur d'yeux ou le même profil, nous avons le droit d'avoir des corpulences différentes et aussi le devoir de nous montrer plus tolérants et plus bienveillants quant à nos désirs et à nos attentes.

Savoir prendre soin de soi est aussi une vraie preuve d'amour : lorsqu'on a une certaine estime pour soi, on est plus enclin à se prendre en main.

La réconciliation avec votre corps

Soyez à son écoute et prodiguez-lui de bons soins

Dans la recherche du bien-être, rien ne peut se jouer sans une véritable attention portée au corps. Cette vigilance installe une sorte de dialogue permanent qui réclame de la sincérité. Mettez-vous à son écoute et demandez-lui ce dont il a besoin, apprenez à le respecter, à écouter ses messages. Prodiguez-lui des soins réguliers, comme, par exemple, vous masser chaque jour avec plus d'attention ; pour celles qui ont la sensation d'être à côté de leur corps, massez-vous devant un miroir. Des soins de kinésithérapie ou de balnéothérapie se révèlent efficaces dans la tentative de réappropriation du corps. Ils lui apportent un vrai bien-être et le valorisent, au même titre que des vêtements soigneusement choisis ou un parfum très personnel.

Éveillez votre corps et mettez-le en mouvement

Longtemps, on avait su se préserver du surpoids grâce à une activité physique quotidienne. Ainsi, l'énergie pouvait-elle être brûlée. Aujourd'hui, nous passons, pour la plupart d'entre nous, une grande partie de la journée devant des écrans. Or, la meilleure prévention du surpoids consiste en une activité quotidienne de 30 à 60 minutes, d'intensité modérée mais suffisante pour entamer les réserves adipeuses. La marche tonique constitue par exemple une excellente arme antigraisse.

Faire bouger son corps demeure aussi la voie royale pour retrouver des sensations de bien-être. L'exercice physique est traditionnellement considéré comme un facteur contribuant avant tout à brûler des calories. Or, des travaux récents, menés par plusieurs équipes, tendent à démontrer qu'il est non seulement un agent de combustion d'énergie, mais aussi un facteur influençant la régulation du métabolisme. Il accroît la quantité de sérotonine produite par le cerveau et, par là même, réduit les fringales de sucre, augmente l'énergie et dope l'humeur.

L'activité physique est essentielle dans votre programme de perte de poids. Considérez-la comme partie intégrante de votre vie quotidienne et non comme un élément facultatif. Si vous vous posez la question de savoir si vous devez ou non faire du sport, vous risquez de vous trouver toujours des excuses et de nc jamais dégager le temps nécessaire en faisant passer d'autres activités avant. Planifiez votre heure de gym exactement comme vous le feriez pour un autre rendez-vous. Établissez un programme réaliste et n'annulez sous aucun prétexte ce rendez-vous quotidien.

Les mouvements contribuent à accroître de manière sélective l'activité du système nerveux sympathique avec, comme bénéfice, un meilleur contrôle sur la prise alimentaire et une augmentation des dépenses énergétiques.

Renforcez votre motivation et visualisez-vous mince

Imaginer sa nouvelle silhouette ou le poids désiré permet de modifier l'image de son corps et de programmer son inconscient à de nouveaux comportements, à d'autres habitudes pour mincir durablement. Les buts que vous vous fixez à travers cette imagerie mentale s'imprimeront dans votre cerveau et vos actes seront en adéquation avec votre désir de mincir. Vous êtes en grande partie responsable de votre silhouette par votre grande liberté de choix et d'action. Habituez-vous à pratiquer très régulièrement l'exercice n° 31 (voir p. 192) pour modifier certains de vos comportements et vous motiver dans votre programme minceur.

Applications pratiques

Exercice n° 29

Pour renforcer la sangle abdominale

À pratiquer assis, debout ou allongé.

• Inspirez par le nez en gonflant votre ventre, expirez par la bouche en le rentrant. Videz bien vos poumons en expirant tout en contractant la sangle abdominale, comme si vous vouliez pousser votre nombril vers les lombaires. Restez cinq secondes, pas plus, à poumons vides en retenant votre souffle et en continuant à contracter vos abdominaux, puis relâchez. [...]

• Reprenez votre souffle et recommencez cet exercice durant cinq minutes.

• À faire une dizaine de fois par jour pendant un mois. Vous constaterez des résultats visibles !

Exercice n° 30

Pour mieux apprécier le goût des aliments

• Commencez par prendre une ou deux grandes respirations.

• Puis concentrez-vous sur la bouche, siège du goût, l'intérieur de la bouche, la cavité buccale. [...]

• À présent, mettez dans votre bouche une toute petite quantité d'un aliment de votre choix. Appréciez-en le goût, la saveur, la texture, l'onctuosité. Imprégnez-vous totalement de ce goût plaisant, appréciez-le vraiment et dégustez lentement votre aliment. Cet exercice permet de manger plus lentement et de savourer sans forcément se précipiter sur de trop grosses quantités de nourriture.

D'autres exercices pratiques de sophrologie pour mincir ont été décrits et préconisés dans mes précédents ouvrages [1].

Exercice n° 31

Pour se visualiser mince

• Chaque soir, avant de vous endormir, pendant 21 jours, imaginez-vous avec votre poids idéal. Vous vous voyez mentalement dans des vêtements que vous avez choisis, des vêtements seyants, et vous êtes à l'aise, fière du résultat.

• 21 jours est la durée nécessaire à l'inconscient pour enregistrer le message et produire un réflexe conditionné. S'il vous est difficile de vous visualiser, trouvez une de vos anciennes photos où vous avez le poids désiré, ou encore découpez dans un magazine la photo d'une personne à laquelle vous souhaitez ressembler (en restant bien sûr réaliste).

• Visualisez souvent cette photo. Vous pourrez aussi l'afficher dans votre cuisine, sur le réfrigérateur ou le placard à provisions. C'est un bon réflexe d'inhibition des fringales et de renforcement de votre motivation.

---

1. *Mincir et se réconcilier avec soi*, Albin Michel, 2003 ; guide *Vouloir mincir*, la méthode complète avec deux CD audio, 1999, www.mfeditions.com

Bien vivre sa sexualité

La réussite à tout prix, l'exhortation à la performance ont contaminé jusqu'au domaine sexuel. Notre époque vante le règne de la jouissance dans tous ses sens. Cette surexposition, qui va de pair avec l'obligation d'assurer un parcours sexuel de plus en plus compétitif, est génératrice d'angoisse car, entre le discours médiatique et notre vie sexuelle, il y a souvent un grand décalage.

Quand le désir est en panne

De plus en plus d'hommes et de femmes de tous âges confient leurs états d'âme et leurs problèmes en consultation. Des aveux d'incompréhension et d'impuissance sont fréquents : certains déplorent leur absence de libido, d'autres relatent leur pénurie sexuelle, d'autres encore, en dévoilant une liaison secrète, évoquent leur plaisir entravé par la culpabilité. Les femmes se plaignent d'absence de désir, de frigidité, de vaginisme, d'anorgasmie, de douleurs, signifiant souvent le refus d'une relation où l'on se sent mal aimée, incomprise, pas reconnue. Les hommes, eux, évoquent le stress, les soucis ou les conflits conjugaux, autant de facteurs susceptibles de démobiliser l'appétit sexuel : lorsqu'on est acculé à partager le quotidien routinier avec son lot de soucis, le désir a quelques difficultés à se frayer une place.

Trop souvent, le silence, la gêne, l'incompréhension, les frustrations s'accumulent et viennent freiner nos élans. Méconnaissance de son corps et de celui de l'autre, mésentente conjugale, traumatisme ancien, honte, les blocages affectifs et psychologiques sont légion. Si certains se résignent à voir déserter le désir, d'autres décident de réagir.

Les troubles de la sexualité

À l'origine des problèmes, on retrouve souvent un environnement insatisfaisant autour de l'acte sexuel : manque de communication, d'attention, de tendresse, hyperactivité entraînant de la fatigue notamment, autant de facteurs freinant ou inhibant les réponses du corps aux stimulations sexuelles.

Chez la femme, la répétition des troubles engendre une frustration profonde et un désintérêt progressif pour la sexualité. Chez l'homme, c'est le devoir de performance avec la peur d'une érection instable qui est le plus souvent responsable de l'échec. Cette peur de l'échec entraîne la panne, qui renforce encore la crainte de la défaillance. Quand le mental est aux commandes, il bride le corps et les émotions.

Les principaux troubles de la sexualité féminine

Le vaginisme se traduit par une contraction involontaire des muscles constricteurs de la vulve qui entourent le vagin.

Cette constriction peut empêcher toute pénétration ou la rendre douloureuse : on parle alors de dyspareunie. Dans la très grande majorité des cas, ce trouble est d'origine psychologique.

La sécheresse vaginale est une insuffisance ou une absence des sécrétions lubrifiantes des parois vaginales. Les femmes, à l'approche de la ménopause, y sont plus sujettes en raison de la baisse des œstrogènes. Le stress ou le manque de désir en sont très souvent la cause.

La frigidité signe l'absence partielle ou totale de plaisir dans la relation sexuelle. On ne fait pas toujours la différence entre anorgasmie (absence d'orgasme) et anaphrodisie (absence de désir). Ces troubles sont soit primaires s'ils ont toujours été présents tout au long de la sexualité, soit secondaires s'ils alternent avec des phases plus satisfaisantes. Dans le cas de frigidité secondaire, on évoquera plutôt une baisse du désir ou une anorgasmie passagère.

Les principaux troubles de la sexualité masculine

L'éjaculation prématurée se traduit par une décharge orgasmique trop rapide. Généralement d'origine psychologique, elle est souvent lié à l'anxiété de la performance. Il fait l'objet de la plupart des motifs de consultation en sexologie masculine.

La perte d'érection, encore appelée panne sexuelle, se traduit par l'absence d'érection ou par une érection insuffisante. Cette problématique de nature anxieuse atteint l'homme dans son identité masculine.

La perte ou la baisse de la libido est liée la plupart du temps à l'hyperactivité et au stress. Elle touche de plus en plus d'hommes qui, bien avant leur vieillesse, voient baisser rapidement leur intérêt pour le sexe.

Hommes et femmes, des désirs différents

Fragile et complexe, le désir se décline en une variété de nuances. Il ne s'élabore pas de la même façon au masculin qu'au féminin. C'est précisément parce que leurs corps et leurs jouissances ne sont pas identiques que l'homme et la femme éprouvent quelques difficultés à s'accorder dans l'acte sexuel, mais c'est aussi en raison de leurs différences que l'un et l'autre s'attisent.

« Les hommes ont besoin de faire l'amour pour se sentir bien, alors que les femmes ont besoin de se sentir bien pour faire l'amour », écrit Sylvain Mimoun [1]. C'est dire combien est subtile l'alchimie entre les deux sexes. Le couple est une combinaison de désirs et de manières d'aimer. Sans conscience de ce qui se joue dans la relation, à savoir la différence avec l'autre, on se condamne à répéter éternellement le même scénario sans faire évoluer son désir et son plaisir. Si l'orgasme est une réponse physiologique à une série de stimuli, la jouissance, elle, est un état qui nécessite disponibilité, capacité d'abandon de soi et confiance absolue en l'autre. Les exercices proposés p. 207-208 vous permettront d'agir précisément sur cette faculté de lâcher prise.

Pour une femme, l'orgasme est complexe. Elle a besoin d'intimité émotionnelle, de tendresse, de préliminaires ; elle se donne entièrement et doit, pour cela, se sentir prête aussi bien mentalement que physiologiquement. Elle éprouve davantage de difficulté à faire abstraction de ses soucis personnels ou à jouer les réconciliations sur l'oreiller. « Pour moi, faire l'amour relève plus du sensuel que du sexuel »,

1. *Sexe et sentiments*, Albin Michel, 2003.

dit Clara. Chez l'homme, l'érection est suffisante pour qu'il y ait un rapport sexuel. Il est capable de cliver amour et envie, ce qui est plus rare pour la femme qui ne conçoit pas amour sans désir. Elle a besoin de preuves explicites, de paroles qui lui confèrent une place.

Pour l'homme, l'excitation due à un contexte sans tension où il peut se relâcher est une condition essentielle de confort mais aussi d'intensité de plaisir. Le désir de l'homme est guidé par la testostérone, présente en grande quantité chez lui ; le désir de la femme est fonction du cycle mensuel, il est particulièrement réceptif au moment de l'ovulation, car durant cette période, les œstrogènes accentuent la sensibilité du corps féminin et de ses zones érogènes. Du fait de cette différence physiologique, le désir est plus fluctuant et fragile chez la femme que chez l'homme.

L'éveil sexuel masculin passe par la vue : un décolleté, des formes voluptueuses, une jupe moulante vont attiser le désir. L'éveil de la sexualité féminine passe plutôt par l'ouïe et le toucher. Pour désirer, une femme doit se sentir convoitée. Pour l'homme, ne pas être reconnu dans son désir, c'est se sentir impuissant. Certains hommes utilisent le sexe pour faire baisser la pression. Les femmes, elles, craignent d'être un objet d'excitation impersonnel et interchangeable dans ce contexte, et c'est alors une source de conflits. Entre les aspirations de l'un et les attentes de l'autre, le couple éprouve quelques difficultés à trouver un terrain d'entente harmonieux.

Désir sous influence

Sur le plan biologique, l'excitation sexuelle est un mécanisme complexe orchestré par notre cerveau, principal organe sexuel. Le cerveau contrôle en effet la sécrétion de diverses hormones, comme la testostérone, qui attise le désir : c'est une hormone mâle, que la femme produit également mais en moindre quantité. Côté féminin, les œstrogènes rendent plus sensibles les zones génitales, tandis que la progestérone procure un effet de détente. Le taux de prolactine peut avoir également un effet inhibiteur sur le désir masculin et féminin.

Certains pointent une incompatibilité de peau, d'odeur, de physique ou, au contraire, une puissante attraction ; il y a des corps que l'on aime, ceux qu'on a l'impression de connaître depuis toujours. Il semblerait que ce soit sous l'action des phéromones (les hormones olfactives que l'on trouve dans la transpiration, la peau, etc.) que l'on se sente attiré par telle ou telle personne, ces phéromones agissant comme un agent secret et étant perçues par l'autre au niveau conscient. Elles seraient de nature à accroître le pouvoir érotique et sexuel de chacun.

Retrouver le chemin du désir

Nous rêvons tous d'un amour éternel, résistant au quotidien routinier et à l'érosion du temps. Nombreux sont les couples désabusés qui regardent la flamme s'éteindre et leur envie vaciller sans vraiment réagir. Certains se quittent, partent, aiment ailleurs. Pourtant, le désir peut renaître de ses cendres, si l'on s'en donne vraiment les moyens. Le cheminement du plaisir prend souvent des voies de traverse et il nous faut apprendre à le redécouvrir. Il n'est jamais trop tard pour inventer une caresse, pour se laisser aller à des élans plus audacieux.

Comment enrichir sa relation à l'autre, accepter de se dévoiler et de se lâcher ? Pour réenchanter notre quotidien et ne pas perdre le goût de l'autre, il nous faut apprendre à maintenir ce lien intime pour développer une culture érotique et retrouver le goût du jeu et des préliminaires. La jouissance exige un climat particulier fait de désir, de confiance, de respect et d'absence de stress. Lorsque sensualité, imaginaire érotique et affects sont réunis, le plaisir devient une expérience qui dépasse largement les limites corporelles. Cette plénitude confère à la relation une autre dimension.

Trop souvent, nous transférons sur l'autre le poids de nos attentes mais aussi de nos frustrations. S'il est vrai que la sexualité est avant tout l'expression la plus intime et la plus singulière du parcours psycho-affectif d'une personne, le couple est un lieu d'évolution permanente où nous ne sommes pas forcément condamnés à reproduire les mêmes schémas. Il s'agit avant tout de se débarrasser de ses tabous, d'oser démanteler ses automatismes inconscients hérités d'une enfance ou d'une ancienne histoire d'amour, et d'apprendre à se laisser aller au plaisir. Il est possible d'acquérir un savoir-faire amoureux si chacun y met du sien : « Lorsque je sens mon partenaire distant, j'ai immédiatement envie de le reconquérir », dit Jennifer. Vaste et puissante, la sexualité dépasse les limites du plaisir sexuel, c'est l'être tout entier qu'elle englobe, y compris son imaginaire, ses affects et ses sens.

Pour une sexualité épanouie

Réinventez une complicité amoureuse

Créer un climat érotique dans la durée passe par la sensualité, mais aussi par l'attention à notre partenaire au quotidien, à tout ce qui le rend attirant à nos yeux et vivant dans la relation. C'est de là que naît le désir. Souvent, nous nous cantonnons dans une routine, de peur d'oser. La monotonie des gestes, des actes répétitifs, risque à la longue d'affaiblir notre appétit ; un peu d'audace est alors essentiel pour explorer de nouvelles intensités sexuelles. Dans cet échange intime, à l'alchimie mouvante et complexe, un signe, un mot ou un regard ont le pouvoir de relancer le désir.

> « J'avais coutume de faire l'amour sans parler jusqu'au jour où j'ai eu une aventure avec un homme qui me susurrait des mots à l'oreille, pendant qu'il me caressait ; cela a déclenché en moi une vraie montée de désir. J'ai découvert à cette occasion que mon excitation passait par le sens auditif. Depuis, j'apprends par les exercices de sophrologie à développer mes sens. J'ai notamment introduit la parole dans les échanges avec mon compagnon, et je me suis rendu compte que notre sexualité est plus intense à présent. »

Coincé par une éducation plus ou moins stricte ou par l'image que l'on veut donner, nous n'osons pas nous libérer ou nous aventurer. « Pour moi, faire l'amour, c'est m'abandonner totalement en oubliant l'image que je donne ! » dit Marie. Le désir se réveille grâce à des stratégies qui favorisent l'intimité, mais il nous faut pour cela ménager des plages d'inconnu pour le réveiller, créer la surprise d'un dîner et d'une soirée à deux ou d'une escapade sans les enfants et sans les soucis, le temps d'un week-end. De nouveaux gestes, un rythme différent, un changement de cadre, des situations insolites, une ambiance inhabituelle servent quelquefois de révélateurs à des ardeurs nouvelles. Oubli de soi, spontanéité, rapport au temps différent de la réalité ordinaire, autant de paramètres pour raviver le plaisir.

Le désir sexuel est le feu de notre pulsion de vie, il se cultive, se nourrit, s'enrichit chaque jour, à condition d'oser lâcher nos vieilles peurs et de prendre le temps de se questionner mutuellement sur ses attentes respectives.

Éveillez vos sens

Améliorer sa sexualité nécessite de développer ses sens (voir Applications pratiques, p. 207) comme celui du toucher, par exemple en s'attardant sur certaines parties du corps de son partenaire que l'on délaisse ordinairement, ou celui de l'odorat en respirant plus attentivement les différents effluves de l'autre.

Éveiller son corps par la sensorialité est en effet l'une des clés d'une sexualité épanouie. Le travail sur les sens est fondamental dans l'apprentissage des techniques sophrologiques. Il vous aidera à développer une sensualité plus inventive et à multiplier les sources de bien-être et de volupté, en insistant aussi sur l'exploration du corps de votre partenaire pour découvrir de nouvelles zones de caresses et éveiller le désir par le toucher, afin de l'accompagner vers la jouissance. La peau est un extraordinaire organe des sens, c'est aussi le plus riche en capteurs sensitifs. Sur la surface du corps, les récepteurs tactiles et thermiques sont susceptibles de faire naître le plaisir, à condition que les stimulations aient une certaine intensité. Quand la peau est stimulée par des contacts agréables, les centres hédoniques libèrent leurs neurotransmetteurs, dont les précieuses endorphines, qui stimulent le plaisir.

> « Nous avons appris à puiser en nous notre force sensuelle. Faire l'amour est maintenant un acte conscient de tendresse et d'échange, notre intimité est devenue plus profonde et nourrissante », confie Claude après avoir pratiqué les exercices sur les sens (voir Applications pratiques, p. 207).

Bien vivre sa sexualité passe par une bonne connaissance de soi, de son corps, de sa libido, par une meilleure compréhension de l'autre et de ses attentes ainsi que par une sexualité en accord avec notre propre sensibilité. Lorsque le corps est complètement détendu, le mental lui aussi lâche prise. Les exercices proposés plus loin permettent de réduire efficacement les effets de l'anxiété. Ils ne remplacent pas une thérapie mais ils vous aideront à vous détendre, à retrouver une meilleure conscience de votre corps et à augmenter votre énergie sexuelle, autant de paramètres pour retrouver une sexualité épanouie. L'amour et l'union des corps incitent d'ailleurs tout naturellement à glisser vers cet état de conscience modifié propice au relâchement.

À l'âge de la maturité...

On a longtemps pensé que l'âge de la ménopause signait pour la femme la fin de la sexualité, qu'il lui fallait déployer un savoir-faire ou plutôt un savoir-être en montrant d'autres talents : plus d'humour, d'intelligence, d'élocution, etc. Aujourd'hui, ces femmes revendiquent la continuité dans leur droit au plaisir. Enfants casés, vie professionnelle bien rodée, ou même retraite, sans engagements particuliers, l'érotisme de la maturité, à en croire le dernier ouvrage de Régine Lemoine-Darthois et Élisabeth Weissman [1], serait la nouvelle tendance de notre société. Certains, pour lutter contre le déclin de leur vie amoureuse, conscients du temps qui passe, n'hésitent pas à partir à la recherche de nouvelles vibrations amoureuses.

> « Quand j'avais vingt ans, les hommes me regardaient et je les ignorais. Aujourd'hui, à 55 ans, je quête anxieusement leurs regards, ils me sont nécessaires, j'ai besoin de savoir si ma silhouette attire encore un regard masculin », avoue Angéla.

Dans un ultime besoin de réassurance, certains, hommes ou femmes, s'essaient à la liaison amoureuse, à l'infidélité. D'autres, dans l'urgence de vivre des sensations fortes, s'enivrent d'érotisme en pratiquant une sexualité débridée. Libérés des obligations et contraintes, la plupart d'entre eux ont davantage de temps pour organiser cette nouvelle tranche de leur vie dans laquelle ils souhaitent mener à bien leurs désirs. Certains couples vivent d'ailleurs cette étape comme une seconde lune de miel.

> « Ce n'est qu'à 58 ans que j'ai découvert le plaisir avec mon mari, confie Edwige. Quand il a pris sa retraite, nous avons eu tout à coup beaucoup de temps pour nous deux. Mais quelque chose n'allait pas dans notre sexualité. Nous avons consulté un sexologue, et ce ne fut pas facile pour mon mari de s'entendre dire qu'il n'avait jamais pris le temps de découvrir le plaisir de l'autre. Coincé par son éducation et son emploi du temps surchargé, il accordait en effet peu de temps au plaisir. Mais il est vrai que, personnellement, je n'étais pas non plus très disponible. »

---

1. *Un âge nommé désir. Féminité et maturité*, Albin Michel, 2006.

... et plus tard

Même si le corps n'est plus tout à fait « aux normes », faut-il pour autant se priver de toute sexualité ? Désirs et satisfactions sexuels n'ont pas d'âge et, s'ils trouvent un environnement favorable, ils peuvent continuer à s'exprimer librement. Nombreuses sont les personnes âgées qui confient, à travers de touchants témoignages, que même si leur sexualité se transforme, elle ne s'éteint pas avec l'âge.

Dans une société où le jeunisme fait rage, les hommes et les femmes se trouvent pris dans les tourments dus à leur âge. On peut en effet atténuer provisoirement les signes de vieillissement, recourir à la chirurgie esthétique, mais, malgré tous les progrès, il n'y a pas de remède contre la fuite du temps. Certains, vivant difficilement leur effondrement narcissique, décident d'abdiquer, préférant la solitude, comme Pierrette qui, à 63 ans, a cessé toute activité sexuelle « de peur de montrer une image trop dégradante », dit-elle. D'autres se font une raison en choisissant de faire le deuil de leur éternelle jeunesse et, dans un processus d'acceptation, inventent de nouveaux lieux de transcendance ou de sublimation où ils apprennent à porter sur le monde, sur la vie et sur la leur, un regard plus attendrissant.

Viviane, 75 ans, raconte comment toute sa vie elle a détesté son image. Elle s'est enfin réconciliée avec son corps, dans lequel elle vivait un véritable enfer : « Aujourd'hui, j'ai fait la paix avec lui, je suis devenue plus indulgente. Cela m'a permis d'accepter ce temps qui passe contre lequel je ne peux rien et de découvrir d'autres sensations. »

Pourquoi attendre que notre corps se flétrisse pour commencer à l'aimer ? Certaines personnes découvrent même, à cet âge, qu'elles ont un corps dans lequel il est possible d'habiter harmonieusement, de vivre, de bouger et de vibrer. Pour recouvrer ce sentiment de plénitude, il faut même à certains toute une vie. Cette réelle conscience de soi confère une nouvelle présence à soi-même. C'est une vertu qui défie le temps, elle permet de puiser en soi toutes les formes de réassurance pour continuer, seul ou à deux, à enrichir sa vie, à nourrir sa curiosité et à développer de nouvelles expériences culturelles, intellectuelles, sociales ou spirituelles, dans une sorte d'« accord paisible avec soi-même », ainsi que l'évoquait Spinoza.

Sophrologie et sexualité

« L'amour est inscrit dans la structure et la chimie du cerveau humain », déclare l'anthropologue Helen Fisher[1], après avoir comparé le cerveau de personnes amoureuses avec celui de personnes en rupture d'amour. L'amour relèverait donc d'un besoin physiologique, au même titre que la faim ou le sommeil. Que faire alors quand le désir s'émousse, quand, au fil du temps, l'essoufflement prend le pas sur la passion ? Faut-il se laisser gagner par le « non-désir » ? Pour l'équilibre de chacun, il est important que la sexualité demeure active. Il suffit quelquefois de prendre le temps de la réflexion, sur soi, sur son couple, et de sortir à tout prix de la quête de la performance en libérant ses émotions et en apprenant à se détendre. Parfois, quelques séances de relaxation sont utiles pour dénouer corps et mental et mettre au jour

1. *Pourquoi nous aimons*, Robert Laffont, 2006.

son désir. Ce lâcher-prise dans la confiance allège les hommes de leurs angoisses liées à l'érection et favorise une sensualité plus inventive qui permet aussi aux femmes de se laisser aller pour explorer avec curiosité et liberté toute la gamme de leur sensualité.

La sophrologie, grâce aux techniques respiratoires et relaxantes qu'elle propose, conduit à une plus grande détente corporelle et constitue un soutien précieux pour renouer avec le désir et le plaisir.

Exercice n° 32

Pour stimuler les organes génitaux

• Mettez-vous en position allongée, les jambes légèrement écartées, et posez vos mains sur votre ventre.

• À présent, respirez rapidement par le ventre : inspirez en gonflant le ventre, expirez en le rentrant. Pratiqué rapidement, cet exercice entraîne une stimulation des organes génitaux.

• Vous pourrez l'effectuer juste avant un rapport sexuel ou pendant les préliminaires durant une à deux minutes, pas plus, pour éviter toute hyperventilation.

Exercice n° 33

Pour détendre les muscles pelviens

Toute tension corporelle influe sur les réactions sexuelles. La tension du plancher pelvien affecte la capacité à se laisser aller à l'orgasme. Cette peur provient souvent d'une éducation trop précoce à la propreté, qui peut provoquer une tension exagérée des muscles pelviens. Il importe de prendre réellement conscience de cette tension.

Voici un exercice de détente du plancher pelvien.

• Asseyez-vous confortablement sur une chaise, dos droit, mains sur les cuisses.

• Fermez les yeux, respirez par le ventre.

• Détendez bien votre corps. Puis inspirez à fond, lentement, en essayant de sentir l'onde respiratoire aller profondément dans le bas de votre corps au niveau de votre bassin.

• Contractez fortement les muscles fessiers, puis, à l'expiration, relâchez-les en concentrant toute votre attention sur votre petit bassin (le plancher pelvien) que vous détendez.

• Refaites cet exercice trois fois de suite, chaque fois que vous y pensez. C'est un excellent stimulant de la zone génitale.

Exercice n° 34

Pour une meilleure conscience du corps

• Installez-vous confortablement, en position allongée.

• Fermez les yeux et concentrez-vous sur votre respiration abdominale.

• Approfondissez votre détente de la tête aux pieds, en relâchant davantage le visage [...] les épaules [...] les bras [...] le dos [...], sentez votre ventre respirer calmement, relâchez les muscles fessiers [...] le bassin [...] les jambes et les pieds. Prenez conscience des différents points de contact de votre corps avec le lit ou le sol.

• Puis posez vos mains sur votre tête, très lentement. Avec la pulpe des doigts, touchez vos cheveux et arrêtez-vous sur chaque partie de votre visage : les oreilles, le nez, les yeux, les lèvres, le menton [...] puis laissez glisser vos mains sur votre gorge, vos bras et toutes les parties de votre corps dans la pleine conscience du geste que vous êtes en train d'effectuer, en vous concentrant sur toutes les parties de votre anatomie. Aimez ce corps qui est le vôtre, acceptez-le, considérez-le avec bienveillance.

Faire face à la séparation, à la perte

De la première séparation symbolique d'avec les parents (entrée à la crèche, à la garderie, à l'école maternelle, etc.) à celle où l'on quitte volontairement le nid familial pour voler de ses propres ailes, ou encore lors de séparations comme une rupture amoureuse, un divorce, un déménagement, une dispute, la fin d'une amitié, le décès d'un proche, les changements jalonnent notre vie et structurent profondément notre personnalité. Bien qu'elles soient quelquefois des étapes nécessaires qui forment la trame de notre existence, les séparations n'en constituent pas moins une douloureuse épreuve qu'il appartient à chacun de gérer sur tous les plans, aussi bien physique que psychologique, dans leur dimension aussi bien consciente qu'inconsciente.

La perte des illusions

Qu'il s'agisse de la perte d'un emploi, d'une amitié, d'un rêve, d'une illusion, certains deuils, face au désenchantement de la vie, se révèlent difficiles et provoquent une sérieuse remise en question. Nous nourrissons tous plus ou moins consciemment des rêves et des espoirs qui ne correspondent pas toujours à la réalité, ce qui explique que certaines personnes se réveillent un jour en constatant avec regret que leur vécu est loin de coller à leurs désirs.

Jean-Claude n'est pas heureux en ménage. Pour éviter de se laisser submerger par la tristesse, il s'est acharné au travail. Il se plaint aujourd'hui de maux divers et d'insomnie. En thérapie, il comprend qu'à défaut d'avoir pu établir une relation de couple satisfaisante, il a noyé son spleen dans une profusion d'activités.

Natacha rêvait au prince charmant. Après quelques semaines d'un amour fusionnel, c'est encore la désillusion. À chaque rencontre, elle croit avoir trouvé l'amour de sa vie mais déchante au bout de quelques mois. « Ce n'est pas encore le bon ! » dit-elle, persuadée qu'elle rencontrera un jour celui qui la comblera totalement. Mais elle prend conscience aujourd'hui qu'il lui faut grandir et faire le deuil de certaines illusions.

Si l'espoir permet de traverser des périodes difficiles, il peut aussi nous rendre aveugles. Face à la déception profonde, la tristesse est bien réelle. La perte d'une illusion déclenche des troubles et des symptômes divers. Après le rêve surgit la déception, voire la dépression. Ce genre d'épreuve amène souvent à réfléchir avec plus de profondeur au sens de notre vie et aux besoins fondamentaux de notre existence. Tous ceux qui ont connu une forme de séparation, que ce soit avec un être cher ou avec une situation (chômage retraite, licenciement), connaissent le poids de cette expérience où il faut apprendre, sans trop de dégâts, à quitter, à perdre. La vie n'est qu'une succession d'attachements et de détachements. « La séparation est la reconstruction, la rupture est une déchirure, une amputation », nous dit Marcel Ruffo [1] pédopsychiatrie.

Apprendre à se séparer

Pourquoi à la complication de la rupture s'ajoutent l'angoisse et une profusion de sentiments douloureux que l'on ne s'explique pas toujours ? C'est oublier que les expériences primaires sont les racines de l'existence, qu'elles laissent d'innombrables traces, que nous répétons dans notre quotidien des scènes inachevées de l'enfance. La séparation est une condition de l'avènement de tout individu, elle marque chaque étape du développement. Toute la difficulté de l'existence humaine réside dans le fait de devoir se séparer et apprendre à survivre.

Il importe de comprendre l'importance du processus de séparation durant la petite enfance, car tout se joue durant les premiers mois de l'existence et est intimement lié à la nature de la relation mère-enfant. Les expériences traumatiques d'abandon et de séparation liées à un décès, un divorce, une séparation (un simple éloignement momentané dans la toute petite enfance peut prendre le même sens), ou encore un rejet, un manque d'amour ou une surprotection de l'entourage empêchant toute autonomie, ont un lien direct avec ce processus.

Chaque perte ou séparation à venir risque de raviver la détresse inscrite dans notre mémoire en menaçant l'équilibre et la santé psychiques, voire psychosomatiques d'une personne. Analyser la façon dont nos pertes ont été négociées

1. *Détache-moi ! Se séparer pour grandir*, Anne Carrière, 2005.

permet de les comprendre et de les dépasser pour éviter un écho récurrent à nos séparations à venir.

On peut même évoquer des pathologies où le traumatisme de la séparation est vécu sur le mode de la « fracture », un peu comme un impact violent qui nous briserait un membre. Il en va de même pour ces fractures psychiques où une rupture survient dans une psyché trop vulnérable : devant la puissance du choc, les défenses cèdent.

Ainsi, Jeanne, quelques mois après le départ de son mari, se découvre un nodule au sein qui se révèle cancérigène. Cette rupture, qui s'est matérialisée dans son corps, est venue réveiller le traumatisme de l'abandon précoce vécu à l'âge de 5 ans, lorsque ses parents en partance à l'étranger, pour des raisons professionnelles, l'ont confiée à une tante pendant deux ans, sans lui fournir d'explication.

Qu'est-ce qu'un travail de deuil ?

Si le phénomène du deuil est connu, son mécanisme a été formalisé et mis en évidence par Sigmund Freud[1] sous le nom de « travail de deuil », en 1915. Pour lui, le deuil survient à la suite de la disparition d'un être aimé, que ce soit un individu ou un idéal (liberté, etc.). Le deuil est universel, mais chacun d'entre nous le vit à sa manière, en fonction de son éducation, de sa culture et de sa personnalité. Il n'y a aucun moyen d'éviter la douleur, et nous devons la traverser si nous souhaitons la voir s'apaiser. Ce travail d'élaboration psychique permet d'accepter la perte, l'absence, la fin des

1. « Deuil et mélancolie », *Métapsychologie*, Gallimard, coll. Folio, 1986.

projets, pour être à nouveau disponible et se réinvestir ailleurs. Le travail de deuil peut durer de un à dix ans. En réalité, la période de chagrin proprement dite serait approximativement de deux ans pour la perte d'un parent, de quatre ans pour une séparation ou un divorce, de quatre à six ans pour le décès d'un conjoint, et de huit à dix ans pour celui d'un enfant. Bien sûr, il ne s'agit là que de généralités, la durée du deuil évoluant en fonction de chacun, de son histoire et surtout de son degré d'attachement à la personne. Aussi certains deuils se révéleront-ils plus complexes que d'autres.

« C'est une tâche psychologiquement très importante qui exige pendant un certain temps que l'on se concentre entièrement sur elle, qu'on y mette toutes ses ressources, toute son énergie », écrit Bruno Bettelheim.

Le travail de deuil est un travail de détachement, constitué d'opérations mentales qui permettent de dénouer progressivement les liens avec ce que l'on a perdu. Le temps du deuil, c'est le temps de la souffrance psychique qui se doit d'être vécue, avec son cortège de symptômes. Il est un passage nécessaire si l'on veut éviter des complications. Loin d'être un déroulement linéaire, il est fait de progressions et de retours en arrière, et chacun le vit à son rythme. Son refus conduit le plus souvent à la maladie, à la dépression, aussi est-il inutile de le nier ou de le masquer par quelque artifice, car les symptômes émergeront à chaque nouvelle difficulté, à chaque nouvelle perte, même des années plus tard. Verbaliser la souffrance permet de commencer véritablement le travail de deuil, c'est un passage obligé qui peut prendre du temps. Le processus de deuil est aussi un processus de cicatrisation. Et pour que la cicatrisation se fasse, il faut passer par l'acceptation de la blessure, de manière à pouvoir guérir.

Les étapes incontournables du processus de deuil

Apprendre à vivre sans l'autre

Après la rupture, on se retrouve seul, démuni souvent, face à la souffrance, sans trop de repères pour canaliser le cours désordonné des émotions contradictoires. On voudrait trouver un moyen pour arrêter la blessure qui saigne ; on doit se confronter à l'évidence de la meurtrissure et du non-retour. Pris de court face à des situations nouvelles, on se demande si l'on arrivera un jour à sortir de ce marasme. On doit vivre, même si l'on n'en a plus le goût, tenir coûte que coûte, pour soi, pour les enfants, se battre durant le divorce ou la succession, après le décès, pour faire valoir ses droits, trouver un travail, de l'argent, parfois vendre ses biens, déménager, avec toutes les peurs que cela attise. En matière de divorce, de séparation, il arrive que la lutte soit impitoyable : on aura à découvrir que l'amour n'est pas toujours tendre, qu'Éros, dieu de l'amour, est aussi le fils du terrible Arès, dieu de la violence. De chaque côté de la barrière, aucun n'en sortira vraiment indemne : l'un devra accepter de perdre, l'autre de trouver la force de se battre pour sauver quelque chose (biens, enfants, dignité, etc.).

Se faire aider

Face à cette crise profonde, on se trouve souvent confronté à ses propres limites, et l'on n'a pas forcément la disponibilité psychique requise pour les enfants, ni pour soi. Une aide extérieure est souvent utile pour passer ce cap (amis, famille, grands-parents).

Prendre le temps de se remettre

Ce temps de convalescence est utile pour récupérer, dissoudre les peines et imposer le silence aux discours et aux idées trop obsédants. Il est aussi nécessaire pour dresser un état des lieux de la situation et éviter de s'engouffrer dans une autre relation sans avoir accompli un vrai travail de deuil.

> « J'étais en colère contre tous les hommes de la terre et je n'aurais jamais pu m'engager dans une nouvelle relation, raconte Mireille. Il m'a fallu quatre ans pour m'en remettre ! »

Blessure narcissique oblige, on doute de soi, de sa capacité à aimer encore, on éprouve souvent une perte d'intérêt pour le sexe, l'horizon semble bouché, on a peur de voir du monde, on se replie sur soi, on déprime... C'est un processus presque inévitable.

Lorsqu'on décide enfin de sortir de sa tanière, on peut alors lucidement évoquer cette rupture, comprendre l'origine de certains de nos comportements, se libérer de la rigidité de nos cuirasses intérieures et réapprendre la confiance. Ce temps de répit est celui qui permet de se recueillir en soi-même, de réfléchir à la relation passée, de mettre au jour ce qui a été enfoui au fond de nous-mêmes, de comprendre les schémas de fonctionnement qui dictent nos choix. L'intérêt de cette auto-analyse est de prendre conscience de nos manques et de nos attentes afin d'être en mesure de les combler.

Dresser un bilan et se reconstruire

Lorsqu'on parvient à intégrer la séparation et à lui donner sens, on en sort grandi. La plupart des personnes se relèvent de cette épreuve. Certaines en sortent même enrichies, car c'est aussi dans l'adversité que l'on découvre la puissance de nos ressources intérieures et notre force d'âme. On devient plus vivant, plus créatif, plus authentique. Il faut du temps pour se détacher, rompre un lien, une relation, tourner une page de notre histoire de vie. Certains n'y parviennent pas vraiment : une thérapie peut aider à comprendre ce qui se joue et ce qui se rejoue dans la séparation. Le stress d'une perte engendre un état émotionnel intense avec des bouleversements importants, aussi bien physiques que psychiques. La sophrologie, par son action sur le système neuro-végétatif, vous aidera à vous relaxer et à prendre davantage soin de vous et de votre corps.

Durant cette période, il est très important de s'accorder une attention toute particulière. Pensez à tout ce qui vous permettrait de vous reconstituer, de vous retrouver, de vous faire du bien : cela peut être des activités corporelles, comme la pratique d'exercices physiques réguliers ou des soins du corps ; songez aussi au yoga, à la relaxation ou à la méditation pour la régulation du système émotionnel. Veillez également à votre hygiène alimentaire. Si votre esprit est trop agité par toutes sortes de pensées, marchez une demi-heure en solitaire, en vous centrant sur votre respiration. Mouvements et oxygénation vous ressourceront. Choisissez par exemple en chemin de vous arrêter sur un élément extérieur, le ciel, une plante, un arbre, une pierre, tout élément de la nature susceptible d'attirer votre attention et de vous distraire.

Si vous souffrez d'insomnie, reportez-vous aussi au chapitre « Mieux dormir » (p. 91) et aux exercices proposés. Pratiquez-les régulièrement : vous retrouverez une certaine sérénité. Accordez-vous suffisamment de temps pour vous, un temps de solitude, de calme, au cours duquel vous pouvez panser vos blessures, pleurer, réfléchir, méditer ou simplement être vous-même.

Peut-être est-ce l'occasion d'une profonde réflexion. Répondez par exemple aux questions suivantes : « Qu'est-ce qui compte vraiment pour moi aujourd'hui ? », « Qu'est-ce qui est important ? » N'hésitez pas à revoir vos valeurs, votre mode de vie, etc.

Il est possible que vous soyez submergé par différents problèmes. Souvent, on pense que l'on peut s'en sortir tout seul. Soyez simple, n'hésitez pas à demander de l'aide, ce n'est que transitoire. Rappelez-vous qu'aucune difficulté ne dure jamais éternellement et que, comme tant d'autres, vous pouvez vous en sortir.

Se détacher émotionnellement, recouvrer un certain équilibre intérieur pour restaurer la vie là où tout est figé, n'est pas toujours aisé. Vivre cette perte, pour s'autoriser à nouveau à exister et donner au désir une chance de rejaillir, est une étape essentielle de votre cheminement.

Applications pratiques

Exercice n° 35

Pour lâcher prise et éviter de ruminer

• En position debout ou assise, commencez par détendre chaque partie de votre corps : la mâchoire, la bouche, les épaules, les bras, le dos, le bassin, les jambes. [...]

• Concentrez-vous sur une respiration calme et tranquille pendant un petit moment pour installer la détente en vous. [...]

• Puis inspirez et tendez les bras devant vous en fermant les poings. Imaginez que vous tenez dans vos mains tout votre chagrin, vos préoccupations, vos soucis. [...]

• Gardez l'air un court instant dans vos poumons et, sur la période de rétention, poumons pleins, ouvrez et fermez les poings plusieurs fois en imaginant que vous lâchez le contenu [...] et en prenant conscience dans votre mental de toutes ces pensées obsédantes que vous avez évacuées.

• Dès que vous avez besoin d'expirer, soufflez calmement [...] puis recommencez l'exercice encore deux fois.

Exercice n° 36

Pour quitter, se séparer

• Toujours en position debout ou assise, détendez, comme dans l'exercice précédent, chaque partie de votre corps. [...]

• Puis inspirez en tendant les bras devant vous et, sur la période de rétention de l'air, faites un signe comme pour dire « au revoir » avec vos deux mains et pour vous libérer de ce que vous souhaitez vous défaire.

• Ensuite, soufflez calmement et faites cet exercice encore deux fois en vous centrant, chacun d'eux, sur vos ressentis.

Exercice n° 37

Pour voir la vie sous un angle plus positif

• Après avoir effectué les exercices n° 35 et 36, asseyez-vous quelques minutes, puis visualisez-vous quelques mois plus tard, avec un souhait, un projet, un désir que vous aimeriez voir réalisé. Gardez cette image et l'impression positive qui y est associée, et visualisez-la chaque soir avant de vous endormir.

Mieux vivre la solitude

La société n'a de cesse de combattre la solitude en nous incitant à trop de proximité où aucun espace privé, aucun moment de solitude n'est réellement aménagé. Tout est programmé pour briser nos rares moments de silence. Télévision et ordinateurs en fonction en permanence, logorrhée d'une radio toujours branchée sont autant de stratagèmes pour éviter de s'y heurter. Il faut se remplir à tout prix, être plein, ivre de besoins, étourdi d'activités ! Pour la plupart des gens, le silence renvoie à l'angoisse, au vide, au manque et surtout à l'incapacité d'y faire face. Aussi le premier réflexe consiste-t-il à le fuir. « Jamais seul ! » semble être leur devise.

Aujourd'hui, l'espace-temps de notre enfance où il était permis de rêver a déserté notre quotidien. Nous occupons tous les moments de loisirs de l'enfant en apprentissages, nous le couvrons aussi d'une profusion de biens de consommation, croyant l'aider dans son processus d'individuation. Or c'est l'inverse qui se produit : nous le rendons de plus en plus dépendant. L'enfant a pourtant besoin d'avoir du temps à lui pour goûter à la solitude, explorer son jardin intérieur et expérimenter cette force interne, afin de pouvoir se séparer un jour.

Nous n'échappons pas à l'expérience de la solitude inhérente à notre condition. La capacité d'être seul nous apprend à grandir, elle nous confronte certes à l'absence, mais aussi à la présence. Pour se construire intérieurement, elle est une expérience indispensable qui permet de sauvegarder sa liberté. Elle éveille en nous la possibilité de se nourrir d'une vie intérieure plus intense, d'explorer de nouvelles ressources et de se relier à soi.

Solitudes subies

Lorsqu'on mentionne la solitude, on évoque souvent l'abandon, l'oubli, la mise à l'écart, l'isolement. Il y a en effet des solitudes plus douloureuses que d'autres, celle notamment des personnes âgées qui se sentent délaissées. Il y a aussi l'isolement des personnes fonctionnant sur le mode de la plainte qui, par leurs revendications permanentes, leur agressivité et leurs frustrations, font le vide autour d'elles. Ces solitudes-là enferment, coupent du monde et conduisent à la tristesse, à la rumination et à la dépression.

Certains s'y trouvent confrontés à cause de la maladie ou à la suite d'une rupture, d'un deuil, ou encore pour des raisons professionnelles (licenciement, retraite). Il existe heureusement, dans toutes les formes d'isolement, matérielles, sociales ou psychologiques, si douloureuses soient-elles, des remèdes, des solutions et des aides.

Bon nombre de personnes se montrent incapables de vivre cette solitude. Souvent, elles se persuadent que le fait de passer quelques heures en solitaire est une part de soi qu'elles enlèvent à autrui et se sentent dans l'obligation de constamment donner, se donner ; la plupart du temps, c'est moins le goût des autres que la peur d'être délaissé, oublié, qui les anime. Tant de disponibilité aux autres ne cache-t-elle pas aussi un manque d'attention et d'écoute de ses propres besoins ?

Par crainte de cette douloureuse solitude, certains continuent de vivre à deux en se croyant protégés, à l'abri. Il y a des couples qui croient bon de tout faire ensemble ; cette relation trop fusionnelle risque de devenir aliénante, surtout si l'on cherche à se fondre dans le désir d'autrui, à se mouler dans sa personnalité. On épouse l'autre comme son double, on projette sur lui nos manques, on l'utilise comme un pansement, une béquille de nos propres incapacités. On l'emprisonne et on finit par l'étouffer sous le poids de nos pseudo-sollicitudes.

Delphine ne peut vivre sans son compagnon : « Quand il n'est pas là, je m'ennuie, je ne peux me passer de lui, il est ma drogue, ma moitié. Quand il me quitte pour la journée, je suis angoissée, j'ai besoin de l'entendre et je trouve n'importe quel prétexte pour l'appeler au téléphone. »

« Peur du néant, peur d'être abandonnée, oubliée, rejetée, mon compagnon me rassure. Au fond, je n'ose pas affronter le silence, je panique tellement que je me remplis de lui », avoue Andrée.

Deux déclarations d'amour qui ressemblent plutôt à des aveux d'addiction, au même titre que la boulimie de nourriture, de cigarettes, d'alcool ou de travail. L'amour est un choix, il n'est pas un enfermement, ni une prison. Une promiscuité trop étouffante peut conduire à l'indifférence ou même à la haine de l'autre. Toujours par peur de rester seuls, certains se précipitent dans des aventures décevantes, d'autres s'étourdissent dans des relations sans lendemain. Tous, à leur manière, croient briser leur solitude, mais ce besoin d'être à deux risque d'aggraver leur sentiment d'isolement. Faute de s'en convaincre, leur vie risque de devenir une quête insatiable et illusoire pour trouver un compagnon, un père, un amant, un prince charmant qui soit la source de leur bonheur. Il nous faut admettre que l'autre ne comblera jamais tous nos besoins, car la plupart du temps, nous lui demandons de colmater nos manques et nos blessures de l'enfance.

La peur de la solitude crée l'attachement, la possessivité, le besoin de manipuler et de tout contrôler. On devient tour à tour bourreau, victime, sauveur ou jouet, un engrenage qui devient vite destructeur. Toutes les dépendances ont la même source : le sentiment de solitude évité. Une personne dépendante ne peut se suffire à elle-même, elle est accrochée à l'autre. Derrière le masque de la dépendance, il y a le plus souvent la peur de sa trop grande solitude intérieure. C'est précisément parce que notre vie intérieure manque de consistance, de sécurité, que nous nous accrochons désespérément à notre entourage.

La condition préalable à toute relation intime, c'est d'être prêt à vivre d'abord l'intimité avec soi-même. Affronter sa solitude, c'est oser aborder ses propres peurs. Tant qu'on reste accroché aux autres, en recherchant leur tutelle, on se maintient dans ses craintes. Il ne s'agit pas de se replier sur soi, mais d'utiliser ce temps de silence pour se mettre au service de la compréhension de soi-même et réfléchir à la manière de sortir de l'impasse de nos contradictions. Cette analyse en toute lucidité nous permettra de faire évoluer la relation. La vraie sécurité affective passe par cette rencontre avec soi et cette écoute intérieure. La solitude est l'état qui ouvre le mieux au questionnement : que demandons-nous à autrui, aux autres ? Quelles peurs nous animent ? Pourquoi cette quête éperdue d'amour, d'activités ? Quelles blessures par rapport à notre histoire, à notre enfance, cachent tant d'attentes vis-à-vis de notre partenaire ?

Solitudes choisies

Trop souvent, la solitude est vécue comme une malédiction. On oublie qu'elle peut constituer une chance d'accomplissement. À vouloir combattre toute sorte de solitudes, on passe sous silence la belle solitude, celle qui est à la fois remplie et légère, qui relie et rend disponible, et qui ouvre grand les fenêtres sur l'intérieur.

Tous ceux qui ont osé affronter une quelconque forme d'isolement savent que cette expérience n'est pas forcément synonyme d'angoisse. Elle n'aboutit pas à un désinvestissement ou à un refus de liens. Il est des traversées qui conduisent à l'espoir et à la renaissance. Cette solitude-là enjoint de vivre sa vie avec plus d'attention, elle est vivifiante, créatrice, favorise la réflexion, affermit l'indépendance ; elle permet aussi le recentrage sur soi. L'épreuve de la solitude consiste à installer une qualité de silence pour atteindre des dimensions insoupçonnées de soi, celles qui développent force, courage, lucidité et endurance, qualités qui permettent d'être bien avec soi, sans attendre à tout prix l'approbation d'autrui, tout en restant ouvert et patient avec les autres, en sachant rester ferme quant à l'orientation que l'on a choisi de donner à son existence.

Accepter d'être responsable de sa vie nous engage véritablement dans ce processus de solitude assumée où nous sommes capables de savoir ce qui est bon pour nous, c'est-à-dire d'être notre père ou notre mère intérieur(e), capables aussi d'entendre quels sont nos désirs et nos besoins réels, et surtout de s'autoriser à y répondre.

Pouvoir se promener dans son jardin secret, se confronter au silence, à soi, se rapprocher de la réalité de notre être profond pour apprendre à être avec l'autre, est une nécessité vitale. Cette aptitude à demeurer seul, même en présence de quelqu'un, c'est le chemin vers la liberté intérieure.

Le défi que propose toute vie de couple consiste précisément à vivre ensemble tout en étant deux personnes distinctes, non pas une seule, non pas deux moitiés. Il semble indispensable que chacun dispose de moments uniquement à lui, une pièce réservée, un endroit pour pouvoir s'isoler. C'est précisément un peu de distance entre deux êtres amoureux qui entretient le mystère, le désir et le plaisir de se retrouver. « Il faut se réserver une arrière-boutique toute nôtre, toute fraîche en laquelle nous établissons notre vraie liberté et principale retraite et solitude, parce que la plus grande chose au monde, c'est de savoir être soi », nous enseigne Montaigne. De ce temps de silence naît une autre présence, celle intime, intérieure à laquelle nous avons libre accès. Devenir soi, c'est lâcher le recours permanent au regard de l'autre.

Dans toutes les traditions spirituelles d'Orient et d'Occident, il est fait référence à la nécessité de la solitude ; elle est le départ de toute fondation de l'homme intérieur. Ceux qui ont vécu cette expérience savent qu'elle affermit l'âme. Pour Carl Jung, la quête du « Connais-toi toi-même » passe par le retrait en soi. Cette étape est bénéfique pour soi, mais aussi pour notre environnement car elle agit sur nos relations interpersonnelles et rejaillit sur toute notre existence. Ce temps de retraite n'appartient pas qu'aux sages ou aux mystiques, mais à toute personne en quête d'une vie plus authentique, plus profonde.

De grands philosophes et écrivains, de Pascal à Kierkegaard, en passant par Rousseau et Vigny, insistent sur l'importance de l'expérience de cet isolement. Rousseau préconise la rêverie, qui lui assure d'avoir un moment à soi : « Je ressens un sentiment précieux de plénitude, de contentement et de paix dans ce calme. Chaque jour de ma vie me rappelle avec plaisir celui de la veille et je n'en désire point d'autre pour le lendemain. »

Nietzsche évoque dans ses écrits l'étroite alliance que noue la solitude avec l'amour et la création. Il la ressent comme la guérison des maux divers de l'existence. Recherchée et chantée comme une vertu, la solitude respire dans ses ouvrages. « Ô solitude, ô mon pays Solitude », s'exclame Zarathoustra, le prophète. Pour qu'une œuvre puisse s'élaborer, la solitude est nécessaire, elle ouvre les portes de l'imaginaire. Tout créateur, philosophe, écrivain, musicien ou artiste y est confronté. Il y puise des forces fécondes et une intensité propice à la créativité. Toute réflexion, quête d'une expression juste, suppose et requiert ces moments de silence, de retrait, pour ouvrir à de nouvelles ressources.

Parfois, ce sont les épreuves de la vie (maladies, pertes, ruptures) qui conduisent à ce cheminement, et l'on s'aperçoit que l'on puise une grande force dans cette introspection. Savoir accueillir la solitude comme une amie rend plus fort, plus libre face aux difficultés. Ce temps d'isolement est un moment d'une intensité particulière où l'on vit avec soi une expérience très féconde qui nous ouvre à une vraie présence à nous-mêmes. Lorsque l'on ressent cette présence en soi, on n'a plus peur du silence, de la solitude, on se sent rempli. Cette perception de soi permet une plus grande perception des autres, du monde.

« Éprouver une liberté intérieure, c'est s'affranchir de toute attente et de toutes nos craintes », écrit Matthieu Ricard[1]. Dans la vie quotidienne, cette liberté nouvelle nous offre la possibilité d'une plus grande ouverture à l'autre, celle aussi de savourer la simplicité du moment présent, libre du

---

1. *Plaidoyer pour le bonheur*, Nil éditions, 2003.

passé, affranchi du futur, celle de pouvoir alors partager simplement l'intimité d'un rire avec les êtres que l'on apprécie, sans y être émotionnellement accroché. Ainsi régénérés et libérés, il nous est plus aisé de nous investir dans nos activités en développant davantage notre créativité et nos aspirations pour le plaisir. Nous pouvons parvenir à transformer notre angoisse de la solitude en l'apprivoisant, en acceptant de se retrouver seul pour accueillir nos peurs, les comprendre et les dépasser.

La solitude est alors vécue comme un terreau possible pour un approfondissement, une découverte quasi métaphysique de l'être à la fois perdu et relié.

La vie est riche de tout ce qui est nécessaire pour nous éclairer, mais nous ne prenons pas le temps d'allumer la lumière, nous enseignent les sages. Sachons reconnaître notre besoin de solitude, mais aussi celui de notre entourage, et accordons-nous ces moments où chacun respecte le silence, l'espace et le jardin de l'autre afin de mieux se retrouver. Apprenons à transformer la solitude angoissée en solitude apprivoisée, confortable, où l'on est tranquillement avec soi-même.

Quelques pistes pour mieux vivre la solitude

Si la solitude est trop pesante

• Favorisez les relations interpersonnelles ou cultivez-en de nouvelles. Fixez-vous des objectifs précis, comme vous impliquer dans une activité sociale, culturelle, sportive.

Faites du bénévolat ; offrir de l'aide permet de se sentir utile et procure un sentiment de satisfaction et de valorisation personnelles. Donner, c'est aussi recevoir, aider l'autre est une formidable école du lien et de l'amour.

• Intéressez-vous aux activités de votre localité afin de vous tenir au courant des manifestations proposées.

• Découvrez un nouveau passe-temps, explorez toutes les pistes qui vous intéressent, tenez compte de vos centres d'intérêt, participez à des voyages, des groupes de lecture. Les amitiés les plus riches sont souvent celles qui sont nouées entre des personnes partageant les mêmes passions.

• Aiguisez votre intellect, visitez une galerie, un musée, une exposition en groupe, lisez des ouvrages spécialisés, inscrivez-vous à des cours.

• Établissez des contacts par le biais d'un réseau informatique, faites des recherches sur Internet, ce qui suppose d'envisager une petite formation, à défaut d'en maîtriser l'outil. Communiquer avec ses proches par e-mail ou par messagerie instantanée (MSN, etc.) est un moyen de se sentir relié.

• Favorisez les liens en vue de passer du temps en agréable compagnie. Renouez avec des personnes que vous avez perdues de vue et dont vous étiez proche dans le passé (collègues, amis, membres éloignés de votre famille). Nous attendons trop souvent que les autres nous sollicitent. Manifestez-vous, faites le premier pas.

• Installez-vous à une terrasse de café et observez les gens autour de vous.

• Stimulez votre curiosité, elle mobilise l'esprit et nous aide à créer de nouveaux liens.

• Tenez un journal.

Pour vous ouvrir à la belle solitude qui favorise la rencontre avec soi

• Soyez plus attentif à votre manière de vivre. C'est la vigilance que l'on accorde à chaque action, la façon d'y être engagé, qui suscite cette « présence à soi-même ».

• Adoptez un rythme de vie moins effréné. Veillez à ne pas devenir un bourreau de travail et accordez davantage de temps à vos loisirs, au plaisir, à des activités distrayantes.

• Prévoyez régulièrement dans votre emploi du temps des pauses et appréciez l'instant présent – une pause silence, une pause thé, une pause pour simplement regarder autour de vous. C'est un luxe à votre portée.

• Habituez-vous par exemple dans la journée à vous octroyer quelques minutes pour vous libérer de vos tensions et offrir à votre corps et à votre mental un moment salvateur.

• Soyez vigilant à un état intérieur : percevez par exemple la présence attentive de votre souffle au creux de votre ventre, avec la sensation agréable de bénéficier d'un peu de temps pour vous ; soyez attentif aux mouvements que vous effectuez, comme le pas posé sur le sol, ou à un mets savouré dans la pleine conscience. Attentif à soi, mais aussi à la vie, sensible à son environnement, à la beauté d'un lieu, ou encore à ses sens pour écouter le tic-tac d'une pendule, entendre le son des oiseaux, même dans le brouhaha de la ville. Être présent à la musique, à ses vibrations, s'asseoir, regarder autour de soi, suspendre le temps et s'autoriser le temps de la rêverie. Découvrir un coin de ciel bleu même à travers les nuages, goûter le silence d'une belle nuit d'été, profiter d'une balade à la campagne, se ressourcer dans la ferveur d'un monastère, plonger dans un bain relaxant… Autant de techniques à utiliser en fonction de vos aspirations et de vos humeurs.

Trouver des moments à soi, créer des rituels, modifier une habitude, écouter nos intuitions et nous ouvrir à de nouvelles idées, autant de voies pour rompre avec notre rythme quotidien.

La sophrologie nous apprend précisément à cultiver notre intériorité. Dans notre agitation aiguë, nous sommes tellement déconnectés de notre corps qu'il nous est difficile de ressentir. Il est vrai que cette vie passée à courir atrophie nos sens. « La vie ne se révèle qu'à ceux dont les sens sont vigilants et les sens donnent le sens », écrit Christiane Singer [1].

En s'enracinant dans une qualité d'être, à travers une posture « juste », une respiration profonde et régulière, on apprend à mettre au repos mental, à se centrer sur soi, à cultiver une attitude intérieure sans jugement où on laisse passer les pensées sans s'y attarder, un état d'accueil et d'acceptation de ce qui est. Apprendre cette qualité d'ouverture à soi, c'est trouver un équilibre, c'est améliorer la qualité de notre ressenti. Cet état de conscience particulier peut modifier nos attitudes ; c'est une voie qui renforce volonté et sagesse car elle nous invite à devenir plus conscients de nos réactions que l'on apprend à maîtriser. On s'initie aussi à se donner à soi-même ce qu'on attend de l'autre.

Cette expérience nous éveille à une autre dimension, où l'on ressent une grande énergie monter du fond de l'être. C'est précisément cette force mentale « tranquille » qui nous donne accès à un état de sérénité et de bien-être, de même qu'elle nous permet de résister aux différentes agressions et difficultés du quotidien.

---

1. *Les Âges de la vie,* Albin Michel, 1990.

Applications pratiques

Exercice n° 38

La pause silence

Cet exercice à pratiquer n'importe où, dans un transport en commun, une salle ou une file d'attente, ou même au bureau, vous procurera davantage de bénéfice que la pause-café. Il vous permettra aussi de recharger vos batteries et de retrouver un certain niveau d'énergie naturelle.

• En position assise, dos droit, fixez un point devant vous (un livre, un objet) sans le regarder vraiment. Les yogis appellent cette technique « voir sans regarder ». Soyez simplement attentif à ce qui se passe à l'intérieur de vous, à la qualité de votre souffle.

• Laissez votre respiration aller et venir, puis relâchez votre mâchoire, vos épaules, votre bassin. [...]

• Détendez-vous à chaque inspiration, et au moment de l'expiration, et prononcez le mot « calme ».

• Ressentez la sérénité s'installer. Lorsque vos pensées s'égarent, redirigez-les calmement vers votre souffle. Restez quelques minutes dans cet état d'immobilité, appréciez cette qualité de silence. Renouvelez très souvent ce petit exercice.

Exercice n° 39

Pour ressentir la force en vous

• Assis dans une position confortable, fermez les yeux. Respirez profondément et relaxez tout votre corps. Respirez encore et laissez-vous aller complètement. [...]

• Au fur et à mesure que vous vous relaxez, placez votre concentration au niveau de votre cœur. Imaginez que c'est un lieu paisible, tout au fond de vous-même. C'est la partie la plus profonde de votre être. Prenez bien le temps de vous reposer dans cet endroit. [...]

• À partir de votre cœur, demandez à l'énergie de circuler en vous.

• Sentez l'énergie dans votre corps et soyez conscient que vous pouvez canaliser et diriger la lumière vers les autres. [...]

Exercice n° 40

La marche silencieuse

Il faut disposer d'environ un quart d'heure pour cet entraînement appelé « marche silencieuse ».

• Choisissez un endroit : à défaut de vous trouver dans la nature, vous pouvez effectuer cet exercice dans votre appartement.

• Commencez par marcher très lentement en étant particulièrement attentif à chaque pas que vous posez ; chacun de vos pas capte votre attention. [...]

• Puis détendez votre cou, votre visage, vos bras. [...]

• Inspirez puis posez un pied ; expirez lentement, puis posez l'autre pied. En marchant, sentez votre plein équilibre corporel.

• Ensuite, asseyez-vous en imaginant que vous posez votre regard à l'intérieur de vous. Concentrez-vous totalement sur le souffle et placez-vous en posture d'éveil « ici et maintenant ».

• Laissez aller et venir votre respiration, calmement, sans la forcer, tout en écoutant votre souffle devenir de plus en plus tranquille.

Conclusion

« Ce qui manque le plus aux hommes et aux femmes aujourd'hui, c'est le calme intérieur, la sérénité et la joie de vivre », écrit K.G. Dürckheim[1]. En l'an 306, déjà, Épicure affirmait que le bonheur était accessible et résidait dans la paix du corps et la douceur d'exister.

Se soucier de soi, de son corps, est aujourd'hui trop associé à un idéal de perfection esthétique où l'on se focalise sur l'enveloppe, le paraître, au détriment d'une culture intérieure qui semble être restée, elle, en jachère. Notre société valorise le corps, mais à force de transférer sur lui toutes sortes de désirs et de leurres, on le déshumanise, on le fragmente et on s'en éloigne.

La racine grecque *sôs* du mot « sophrologie » signifie cohérence, harmonie. En ouvrant la voie aux différents états de conscience, la sophrologie optimise toutes nos ressources pour ancrer une meilleure perception de notre corps, de notre vie. Cette conscience de soi procure un réel sens de l'équilibre dans sa globalité et permet de dépasser le miroir de l'apparence.

C'est à travers de simples gestes ou attitudes qu'il nous appartient d'exercer une plus grande vigilance pour mieux

1. Karlfried Graf Dürckheim et Jacques Castermane, *Le Centre de l'Être*, Albin Michel, 1992.

habiter notre corps, renouer avec le plaisir et retrouver la joie de savourer, en toute simplicité, la solide nourriture de la vie. Le bien-être est un état d'esprit mais aussi une affaire de sensations. Même si nous n'avons pas appris à nous faire du bien, il est facile d'amorcer en douceur un processus de changement grâce aux exercices préconisés dans ce livre.

Nous sommes des êtres en chemin et évoluer fait partie de notre devenir. À nous de nous ouvrir pour innover, concevoir de nouveaux comportements et intégrer d'autres habitudes.

Réconcilier l'âme et le corps, c'est s'accorder la liberté de trouver, au plus près de l'intime, un moment pour calmer l'agitation du quotidien et se mettre à l'écoute de ses vrais désirs, rencontrer ses émotions, observer ce qui se passe en soi, autour de soi, entendre du dedans pour permettre à tous ses sens de revenir à la vie afin de retrouver la cohérence ultime de l'être. Un nouvel art de vivre, en somme, pour aborder l'avenir avec plus de sérénité et de confiance. « Aucune grâce extérieure n'est complète si la beauté intérieure ne la vivifie ; la beauté de l'âme se répand alors comme une lumière mystérieuse sur la beauté du corps », écrivait Victor Hugo.

Annexes

Les différents spécialistes

Les *psychiatres* sont des médecins ayant reçu une formation spécialisée dans le traitement médicamenteux des troubles émotionnels. Les psychiatres sont à même de traiter la dépression et autres troubles émotionnels par les médicaments. Certains utilisent la psychothérapie, la thérapie cognitive et comportementale, et la psychanalyse (lorsqu'ils y ont été formés).

Les *psychothérapeutes, psychologues et psychanalystes*, non médecins, traitent des troubles émotionnels à l'aide de différentes approches psychologiques comme la psychothérapie, la thérapie cognitive et comportementale, la relaxation.

Comment bien choisir son thérapeute ?

Pour bien choisir votre thérapeute, renseignez-vous sur sa réputation, son cursus, son affiliation à une fédération reconnue ; le bouche à oreille fonctionne assez bien dans ce domaine. Trouvez la personne avec laquelle vous vous sentez le plus à l'aise pour commencer ce travail, quitte à en essayer plusieurs avant de vous décider.

Soyez vigilants quant à certaines dérives. Évitez de vous laisser enfermer dans le piège de méthodes miraculeuses aux effets spectaculaires que l'on est susceptible de vous proposer.

N'abdiquez jamais dans votre exigence de liberté et d'autonomie, celle-là même qui vous a poussé à explorer les chemins du bien-être.

Les différentes thérapies

Quelle thérapie choisir ? Quand le besoin d'aide s'impose, vers qui se tourner ?

La psychothérapie permet au patient d'identifier et d'apprendre à vivre avec ses difficultés, grâce à un dialogue avec le thérapeute, ce qui suppose de lui accorder une grande confiance. Il existe différentes écoles, souvent dérivées de la méthode psychanalytique élaborée par Sigmund Freud. Depuis les années 1970, d'autres approches de la psychanalyse ont été envisagées : approche intégrant le corps (gestalt, bio-énergie, sophro-analyse), thérapies comportementales.

Adresse : Fédération française de psychothérapie, qui publie un annuaire des psychothérapeutes, 2 *bis*, rue Scheffer, 75116 Paris ; tél. : 01 44 05 95 50.

Les thérapies dites comportementales. Développées dans les années 1960 par deux psychiatres américains, Albert Ellis et Aaron Beck, la thérapie comportementale et la thérapie cognitive se focalisent essentiellement sur les symptômes et sont fondées sur l'apprentissage de nouveaux comportements. Contrairement à la psychanalyse, elles ne s'intéressent ni à l'histoire du patient, ni à son enfance.

Adresse : Association française de thérapie comportementale et cognitive, 100, rue de la Santé, 75674 Paris CEDEX ; tél. : 01 45 88 78 60, www.aftcc.org.

La psychanalyse

Fondée par Sigmund Freud (1856-1939) en Autriche, la psychanalyse est un processus d'investigation de l'inconscient destiné à découvrir la source de nos souffrances psychiques et de nos symptômes. Étendu sur le divan, le patient peut projeter sur son analyste, assis derrière lui, des sentiments refoulés inconscients. Associations libres, analyse du transfert, interprétation des rêves. Travail individuel d'environ cinq ans, à raison de deux à trois séances par semaine.

Adresse : Société psychanalytique de Paris, 187, rue Saint-Jacques, 75005 Paris ; tél. : 01 43 29 66 70.

Pour en savoir plus

Des ouvrages :

Sylvie et Pierre Angel, *Comment bien choisir son psy*, Le Livre de Poche, 2000.

J. Vernette, *Les Nouvelles Thérapies*, coll. « Bien-être », J'ai Lu, 2001.

Un magazine :

Le numéro de *Psychologies* hors série paru en 2002 : *La Psy, mode d'emploi.*

Un site d'information sur la douleur :

www.institut-upsa-douleur.org

Des sites d'information pour votre bien-être :

www.medecines-douces.com
www.natura.com
www.homeophyto.com
www.psychologies.com

Comment trouver un sophrologue ?

Voir l'annuaire des sophrologues sur :
www.sophrologie.com
www.medecines-douces.com

Comment trouver une école de sophrologie ?

Annuaire officiel de la sophrologie et de ses écoles
www.medecines-douces.com/ecole-formation/sophrologie

Société française de sophrologie
www.sophrologie-française.com

Institut européen de recherche en sophrologie et psychothérapie
7, rue Frémiet
75017 Paris
Tél. : 01 40 50 60 19
www.sophrologie.com/iersp

EDHES (École Des Hautes Études de Sophrologie et bio-analyse)
134, rue dc Rennes
75006 Paris
Tél. : 01 42 22 24 24
www.sophrologie-bioanalyse.com

Institut français de sophrologie
39, boulevard Garibaldi
75015 Paris
Tél. : 01 40 56 94 95

Institut Michèle Freud Formations
157, avenue des Campotels
83700 Saint-Raphaël
www.michelefreud.com

Bibliographie

Alfred Adler, *Le Sens de la vie*, Petite Bibliothèque Payot, 2002.

Jean-Pierre Barral, *Comprendre les messages de votre corps*, Albin Michel, 2005.

Catherine Bensaïd et Jean-Yves Leloup, *Qui aime quand je t'aime ? De l'amour qui souffre à l'amour qui s'offre*, Albin Michel, 2005.

Nathaniel Branden, *Les Six Clés de la confiance en soi*, J'ai Lu, 2003.

A.-M. Brochet-Raymond et J.-P. Raymond, *Plaisir des sens, du stress à la sophrologie*, Tchou, 1998.

Alfonso Caycedo, *L'Aventure de la sophrologie*, Retz, 1979.

Norman Cousins, *La Biologie de l'espoir, le rôle du moral dans la guérison*, Le Seuil, 1991.

Jean-Jacques Crèvecœur, *Être pleinement soi-même*, Jouvence, 2000.

Boris Cyrulnik, *Un merveilleux malheur*, Poches Odile Jacob, 2002.

Pr Q. Debray, *Le Livre de la fatigue*, Masson, 2003.

Karlfried Graf Dürckheim, *Le Centre de l'Être,* Albin Michel, coll « Spiritualités vivantes », 1992.

Karlfried Graf Dürckheim, *Hara, centre vital de l'homme*, Le Courrier du livre, 1993.

Alain Ehrenberg, *La Fatigue d'être soi*, Odile Jacob, 2000.

Dr G. Epstein, *Visualisations de guérison*, Jouvence, 1990.

Antoinette Fouque, *Il y a deux sexes*, Gallimard, 2004.

Michèle Freud, *Vouloir mincir*, mfÉditions, 1999.

Michèle Freud, *Mincir et se réconcilier avec soi*, Albin Michel, 2002.

Shakti Gawain, *Techniques de visualisation créatrice*, Le Courrier du livre, 2006.

Charles Groc de Salmiech, *Relaxation et détente par la méthode Vittoz*, De Vecchi, 1995.

Louise L. Hay, *Transformez votre vie*, Marabout, 1999.

Jean-Pierre Hubert, *Traité de sophrologie*, 2 tomes, Le Courrier du Livre, 1988 et 1998.

Jean-Pierre Hubert, *La Relaxation dynamique*, Gibert Clarey, 1980.

Dr Claude Imbert, *La Nouvelle Sophrologie*, Visualisation holistique, 1993.

Carl Gustav Jung, *Essais sur la symbolique de l'esprit*, Albin Michel, 1991.

Marie Lise Labonté et Nicolas Bornemisza, *Se guérir grâce à ses images intérieures*, Albin Michel, 2006.

François Lelord et Christophe André, *L'Estime de soi*, Poches Odile Jacob, 2001.

Dennis Lewis, *Le Tao de la respiration naturelle*, Vivez Soleil, 1998.

Alexander Lowen, *Le Plaisir*, Sand, coll. « Le corps à vivre », 1988.

Alexander Lowen, *La Spiritualité du corps*, Dangles, 1993.

Abraham Harold Maslow, *Vers une psychologie de l'Être*, Fayard, 1972.

Pia Mellody, *Vaincre la dépendance*, J'ai Lu, 2005.

Dr Sylvain Mimoun et Rica Étienne, *Sexe et sentiment : version homme*, Albin Michel, 2004.

Dr Sylvain Mimoun et Rica Étienne, *Sexe et sentiment : version femme*, Albin Michel, 2004.

Théodore Nassé, « Les troubles de la sexualité », *Afspaendings paedagogen*, 9 juin 2002.

Dr J.-C. Nataf, *La Douleur en 200 questions,* De Vecchi, 2001.

Michel Odoul, *Dis-moi où tu as mal, je te dirai pourquoi*, Albin Michel, 2002.

G.R. Rager, *Hypnose, sophrologie et médecine*, Fayard, 1988.

Paule Salomon, *La Spirale du bonheur*, Albin Michel, 2004.

J.H. Schultz, *Le Training autogène de Schultz*, PUF, 2001.

David Servan-Schreiber, *Guérir,* Pocket, 2005.

Carl Simonton et S.-M. Simonton, *Guérir envers et contre tout*, Desclée de Brouwer, 1990.
Carl Simonton, *L'Aventure d'une guérison*, Belfond, 2006.
Marie de Solemne (dir.), *La Grâce de solitude*, Albin Michel, coll. « Espaces libres », 2006.
Annick de Souzenelle, *Le Symbolisme du corps humain*, Albin Michel, 1991.
Jacques Thomas, *Les Maladies psychosomatiques*, Marabout, 1997.
Eckhart Tolle, *Le Pouvoir du moment présent*, Ada/Art de s'apprivoiser, 2003.
Judith Viorst, *Les Renoncements nécessaires*, Pocket, 2003.
D.W. Winnicott, *Jeu et réalité,* Gallimard, coll. « Folio Essais », 2002.

Remerciements

Un livre est l'œuvre de ceux qui ont contribué à développer des idées, à nourrir des recherches, à créer un environnement propice à l'étude et à l'écriture. Aussi mes remerciements s'adressent-ils à tous ceux qui m'ont permis d'écrire cet ouvrage et en particulier :

Ma toute proche famille, ainsi que Caroline Pajany, Laure Paoli, Geneviève Vermeil, Chantal Vigouroux, Claudine Badey-Rodriguez, Théodore Nassé, Xavier Borriglione, pour leur accompagnement, leur fidélité et leur engagement à mes côtés, leur relecture attentive, leurs remarques et suggestions avisées.

Toutes les personnes en séminaire ou en formation dans notre École de sophrologie qui m'ont accordé leur confiance.

Tous les patients qui, en partageant leur vécu, m'ont éclairée dans l'analyse et l'écoute de l'âme et du corps.

Table des matières

Composition IGS
Impression CPI Bussière en juillet 2012
à Saint-Amand-Montrond (Cher)
Éditions Albin Michel
22, rue Huyghens, 75014 Paris
www.albin-michel.fr

ISBN 978-2-226-16949-5
N° d'édition : 14986/08. – N° d'impression : 122533/4.
Dépôt légal : avril 2007.
Imprimé en France.